本书获得 2018 年河北省社会科学基金项目"习近平总书记关于河北雄安新区建设的指示精神研究"（项目编号：HB18ZZ004）的资助

新发展理念指导下雄安新区建设研究

XIN FAZHAN LINIAN ZHIDAO XIA
XIONGAN XINQU JIANSHE YANJIU

张根海　著

知识产权出版社
全国百佳图书出版单位
—北京—

建设，提供了良好的制度保障。

新发展理念，即发展要遵循"创新、协调、绿色、开放、共享"的科学理念，同时融入到经济和社会发展中。创新发展，就是要与科技结合，推进智慧城市和人文城市建设，将雄安新区纳入科学发展的布局中，并与历史文化的传统特色相结合。协调，要不断促进京津冀三地的相互配合，形成发展合力，做到相辅相成，取长补短，最终实现均衡发展的目标。绿色发展，能够推动雄安新区未来的可持续和健康发展，无论在大气的污染防治，还是城市的卫生处理以及植被森林的覆盖方面，都能够按照低碳环保的生产生活标准，去实现碧水蓝天、生机盎然的美丽城市目标。开放，标志着雄安新区将走国际化的发展道路，一方面要坚持"走出去"的发展思路，将雄安新区的未来打造成国际品牌，另一方面也要将世界著名城市的建设经验引入到雄安新区，促进一流城市群的发展。共享，就是未来雄安新区建设的成果，不仅能够加快雄县、容城和安新县及周边城市的规模化发展，而且能够有力促进京津冀一体化的协同发展，也自然惠及其他省份和合作的国家及地区。从长远来看，雄安新区在满足当代人发展需求的同时，还会考虑到子孙后代的需求，真正做到可持续性健康发展。

随着"十四五"规划的良好开局，雄安新区建设迎来了新的机遇，因为国家出台了关于经济与社会发展的很多政策和方案，有利于雄安新区未来的跨越式发展。伴随京津冀一体化进程的加快，互联互通程度的增强，开放水平的提高，尤其以习近平总书记为核心的党中央的大力支持和长期关心，为雄安新区未来的发展带来了更多的机会。目前，雄安新区在良好开局的状态下，发展稳步推进，取得了显著成效，包括城市规划设计合理、生态环境保护收效显著、智慧城市建设不断创新等多个健康发展的局面。然而，从客观情况来看，雄安新区在建设工程中，也会遇到资金、技术、人才和协调配合等方面的挑战。雄安新区管理委员会等相关部门，将会在党中央和国务院的正确领导下，带领广大人民群众攻坚克难，团结一致，制定相应的政策和措施，解决雄安新区在建设过程中存在的发展问题。这些方案在突出"雄安质量"的基础上，坚持绿色发展的原则，包括筹措建设资金、提高开放水平、扩大宣传力度、吸纳高层次人才、制定法律法规形成保障机制等方面的举措，为雄安新区未来的健康和跨越式发展，提供经济对接、科学决策、智力支持和发展动力。未来的雄安，不仅是现代规模化城市群的"标杆"，也是国际化知名的城市品牌，将为地区乃至世界的发展贡献出更多财富、智慧和力量，满足于当代人的需要，也造福于子孙后代。

/ 序言（一） /

　　雄安新区规划建设，是党中央作出的具有重大历史意义的战略选择，是疏解北京非首都功能、推进京津冀协同发展的历史性工程，也是这一代中国共产党人留给子孙后代的历史遗产。如何高起点、高标准、高水平推进建设，实现区域协调发展，建成国际一流、绿色、现代、智慧的城市群，既经得起历史检验，又不留下历史遗憾，这就既需要领导者、管理者、建设者同心协力，创新创造，又需要专家学者积极参与，潜心研究，助力推进。

　　张根海教授在教学之余，对雄安新区建设进行了专题研究，形成了专著《新发展理念指导下雄安新区建设研究》。开卷读来，雄安新区建设的背景、规划、启动、建设，习近平总书记对雄安新区建设的支持、指导、关心、重视，雄安新区建设的基本状况、发展进程、总体面貌，如一幅幅鲜活的画面在眼前次第展开。特别是作者用精到的笔墨，对习近平总书记提出的新发展理念的内涵、特征、意蕴进行了揭示概括，并以新发展理念为指导，对雄安新区发展的机遇挑战，高质量和绿色发展的路径，以及促进雄安新区经济发展、加快城市科学规划的合理布局、加大环境保护力度、推进智慧城市和人文城市建设、实现可持续发展等，都作了具体分析和研究探索，立意高远，鞭辟入里，观点鲜明，时见新意，解析难题，务实管用，使人对雄安新区的建设更具信心，对雄安新区发展的美好前景充满期待。

知识分子自古就具有忧国忧民的情怀，"处庙堂之高则忧其民，处江湖之远则忧其君"。张根海教授以外国语为教学主业、学术之长，却呕心沥血研究雄安新区发展，积极建言献策，爱国为民的赤子之心令人动容起敬。笔者长期从事统一战线工作，对雄安新区建设没有涉猎，亦非学界名人大家，但被张根海教授这种精神所感佩，故不揣简陋，写下以上感言，充为序。

愿知识分子的思想之光、智慧之流，成为国家建设发展巨轮破浪前行的熊熊之火、汹涌之潮。

第十二届全国政协委员

中央统战部原副秘书长　　张献生

政策研究室主任

2021 年 5 月 1 日

/ 序言（二）/

　　2015 年党的十八届五中全会首次提出到 2020 年党的十九届五中全会通过的《中共中央关于制定"十四五"规划和二〇三五年远景目标的建议》，创新、协调、绿色、开放、共享的五大新发展理念，已经成为指导新时代中国特色社会主义现代化建设、实现全面建设社会主义现代化国家目标的重要遵循。尤其是，绿色发展理念不仅和"绿水青山就是金山银山"重要理念一样，成为新时代生态文明建设的理论引领，而且成为党和政府带领全国人民实现高质量发展的行动指南。在党的十九大报告中，"绿色发展"被列为新时代推进生态文明建设的四大战略部署及任务总要求之首，并明确提出要构建绿色产品产业体系、绿色能源体系、绿色技术体系和绿色生活方式的"四大体系"；习近平总书记在 2018 年 5 月举行的全国生态环境保护大会上，明确提出了创建包括生态经济体系在内的"五大体系"的要求；而十九届五中全会通过的《中共中央关于制定"十四五"规划和二〇三五年远景目标的建议》则更加系统地阐述了"推进经济社会发展的全面绿色转型"的总体要求，其中包括加强生态文明体系的内在融合贯通、大力推进绿色低碳可持续发展、积极落实碳达峰和碳中和路线图等，目标则是在 2035 年基本实现国家现代化，在 21 世纪中叶把我国建设成为富强、民主、文明、和谐、美丽的社会主义现代化强国。因而，创新协调开放共享高质量发展、推进人与自然和谐共生的现代化和生态文明建设，在新时代中国特色社会主义建设的背景和语境下，已经成为密不可分、相互促进的统一性整体。

在此大背景下，河北雄安新区的建设及经济社会发展，无疑具有多方面的标志性意义。

其一，它在京津冀协同发展这一国家重大战略布局及其实施中占有重要地位。京津冀协同发展的直接性缘由是解决北京的首都非核心功能疏解问题，而更大的战略考量则是依此为契机实现整个京津冀地区乃至华北地区的更加全面、协调、可持续的发展。而在这个大的布局中，作为南翼新中心的雄安新区备受期待，也责任重大。

其二，它在我国新型城镇化发展格局与模式构建中起到方向性的引领示范作用。客观而言，我国目前的城市化格局和模式依然有着明显的以工业化为中心的分布与结构特征，结果则是呈现为工业生产与营销在城市规划和发展中的优先地位。而随着社会主要矛盾和经济社会发展动力机制的演进，新型城镇化的核心理念需要明确转到"以市民（需要及其满足）为中心"。在这方面，雄安新区理应成为一个勇敢的"探路者"，同时也确实拥有诸多政策上的优势（比如户籍政策问题）。

其三，它在我国生态文明建设战略推进中担负着重要的探索创新责任。如果把我国生态文明建设的实践模式大致分为"生态现代化"和"绿色发展"两大类型，那么，雄安新区应属于二者相结合的"混合型"。一方面，它需要切实融入与遵循新发展理念，走绿色可持续的发展道路，实现人与自然和谐共生、美美与共的现代化城市发展新格局；

另一方面，它需要在城市整体规划、城建设施质量和城乡生态环境保护治理上，充分践行绿色理念与行动，也即真正做到把生态文明建设融入到城市发展的各个方面，使之成为领先国际、特色鲜明、具有中国风格的现代化生态文明城市。

习近平总书记高度关注、亲自部署和大力推动雄安新区的规划与建设。他不仅在 2014 年主持决定了党中央、国务院关于京津冀协同发展的战略部署，其中包括创建雄安新区，而且在 2017 年 2 月和 2019 年 1 月两次来到雄安新区考察工作并召开座谈会，强调新区建设是一项历史性工程、千年大计，一定要有"功成不必在我"的精神境界，要全面贯彻新发展理念，体现出规划建设的前瞻性、引领性，还就新区的城市规划、产业发展、交通基建、公共服务和生态环境保护等作出明确部署要求。因而，要全面落实习近平总书记的指示精神，既要做到一张蓝图绘到底、干到底，又要坚持世界眼光、国际标准、中国特色、历史耐心，其实不只是向雄安建设者，也是向全国人民提出的一份时代问卷。

令人欣喜的是，张根海教授撰写的《新发展理念指导下雄安新区建设研究》，不仅敏锐地注意到了这一具有重大理论与实践价值的学术议题，而且对雄安新区迄今为止的规划建设，尤其是在绿色可持续发展方面的努力做了较为系统的梳理和分析，因而，不仅对于雄安新区接下来的进一步发展，而且对于国内其他地区的绿色发展皆具有一定的参考借鉴意义。环境政治与生态文明建设，是笔者多年来的学术研究兴趣所在。因而，对于雄安新区的设立与创建，笔者不仅从现实政策层面上给予高度关注，希望它能够实质性缓解首都北京目前所面临的交通、生活与生态等方面的诸多压力，而且从学术层面上也充满着期待，希望它可以在我国的生态环境保护治理和绿色可持续发展方面提供新的模式与进路，最终探索出人与自然和谐共生的城市化生存的可能性及其具体样态。也正是由于这一原因，笔者得以几年前结识张根海教授。在此，我很高兴他的新著完成并即将出版，也很愿意接受他的邀请写下这些文字，衷心祝愿他能够在雄安新区建设理论研究的道路上坚持走下去，并做出更大贡献。是为序。

北京大学马克思主义学院教授

博士生导师　　　　　　　　郇庆治

2021 年 4 月 20 日于北大燕园

/ 目　录 /

绪　论

一、问题的提出

北京、天津与河北在地理位置上相互邻近，无论经济发展，还是交通运输，都有很大关联。作为中国的首都，北京在人才、科技和经济等方面有很多优势。天津是直辖市，凭借其地理位置和便利的港口条件，近些年来发展快速。河北省作为华北地区的重镇，工业基础相对雄厚，在发展进程中具有很大的潜力。从实际情况来看，北京、天津与河北都有各自的发展优势，如何能把三者有机结合起来进行优势互补？这对于京津冀一体化建设，提升三者的整体发展水平，具有重要的促进作用。由于地理上的优势，北京、天津与河北在交通运输线上也有很多连接，这有利于加强三者之间的互联互通，从而形成网络化的交通运输体系。然而，北京人多拥挤，需要在生产和生活方面进行疏解，一些生活必备资源需要从河北和天津输入，因此河北和天津及其交汇处，则成为缓解北京生产和生活压力的重要区域。为何雄安新区能成为发挥非首都功能的理想区域？这是因为雄安新区在地理位置上虽处于河北省之内，但却与北京非常临近，和天津也比较靠近，在疏解北京的城市压力，整合京津冀三地的社会资源，可以发挥地缘上的优势，有效推进京津冀协同创新建设和一体化发展。

雄安新区相距北京较近，可以为首都建设补充资源，也可以提供一些合作空间，这样能够有效缓解北京在现代化进程中承载的压力，包括大型企业、国际贸易公司、高等院校、医院和物流产业园的生产和建设，都可以部分入驻新区，从而形成一个高科技、高水平、高效率的现代化园区。同时，雄安新区也可以与天津形成产业链，包括与滨海新区进行项目合作和产业开发，促进河北省与天津市之间在人、财、物方面的合作，使北京、河北和天津三地在产、学、研方面实现有效对接，达到取长补短的目标。从实际情况来看，虽然北京和天津的直辖市地位显著突出，但地域的发展瓶颈仍然存在，尤其是发展空间受到限制。因此，雄安新区的设立，对北京和天津拓展发展空间，加快与河北省的区域合作，促进华北区域经济板块升级，以及京津冀一体化的发展，都具有重要的现实意义。

二、研究背景

中国在全面建成小康社会阶段，为促进经济社会的快速发展，提出了加快区域经济建设的目标，尤其要不断推进自由贸易区建设，打造现代化的城市群，因而雄安新区正是在这一背景下设立的。从实际情况来看，雄安新区不仅关系到京津冀一体化的发展，还涉及中国现代化的城市群建设。中国共产党第十九次代表大会明确提出，以疏解北京非首都功能为"牛鼻子"推动京津冀协同发展，高起点规划、高标准建设雄安新区，实施区域协调发展战略，对雄安新区的规划和建设进行了全新的定位。这体现出雄安新区不仅起点高，目标明确，也是中国加快区域经济协调发展的战略举措。目前，中国经济在保持新常态的状态下，处于由高速增长阶段向高质量发展阶段的转变时期。党中央设立雄安新区，一方面，大力推进中国的区域经济带建设，使包括北京、天津、河北在内的华北经济带凸显出来，形成一个相互联系的经济板块。在这个经济带形成和发展的过程中，雄安新区将发挥重要作用。另一方面，雄安新区对于促进京津冀三地的经济融合和互联互通，将引发积极的效应。

习近平总书记高度重视雄安新区建设，从其成立之初就提出了良好的规划意见，使新区建设在一开始就引起了社会关注，产生了积极的社会影响。习近平总书记指出，北京城市副中心和雄安新区的规划建设，要能够经得起千年历史检验，这也是我们这一代中国共产党人留给子孙后代的历史遗产。这体现出习近平总书记将雄安新区和北京城市副中心的建设质量放在同等位置一样重视，要能够经得起时间和历史的检验，也是需要当代共产党人践行的历史使命。"千年大计、国家大事"，是以习近平总书记为核心的当代马克思主义者，在中国进行社会主义现代化建设进程中对雄安新区建设的定位，其目标是促进区域经济的发展，通过相互间的优势互补，来实现中国经济水平的整体提高。正是在这一背景下，开展了对雄安新区的建设，不仅能够将习近平新时代中国特色社会主义思想逐步融入到区域经济发展的战略布局中，还可以通过对雄安新区的建设规划进行深入探索，从而达到一定的成效，将雄安新区建设为中国区域经济发展的"样板"，现代化城市群发展的"标杆"。

三、研究综述

对于雄安新区的规划与建设，一些学者已经做了相关的研究，主要涉及经济发展、政策制定、城市建设、生态治理等方面。

（一）研究现状

1. 新发展理念是雄安新区经济联动发展的重要指导性倡议

以新发展理念来探讨雄安新区在区域经济发展中的定位及其作用的学者有范周，吴守蓉、景辉、陈琰，胡伟和石碧华。范周在《新使命 新理念 新模式：雄安新区发展研究报告（第一卷）》中认为，雄安新区是一项系统工程，是产业的再布局与集群式的创新，❶ 体现出雄安新区不仅有新的建设使命，而且有新的发展模式，这些都是在习近平总书记提出的新发展理念指导下进行的，具有现代性和创新性的特点。吴守蓉、景辉和陈琰三者认为，建设雄安新区是以习近平总书记为核心的党中央立足"千年大计、国家大事"的战略定位，谋划京津冀区域发展的重要突破口和重大举措，是探索人口经济密集地区优化开发新模式，谋求区域发展新路子，打造经济社会发展新增长极的重大实践创新，❷ 凸显雄安新区建设得到了以习近平总书记为核心的党和国家领导人的高度重视，无论对于京津冀的协同发展，还是区域经济模式的创新，都具有重要的促进作用。胡伟和石碧华二者表明，结合雄安新区与北京城市副中心形成的两翼格局，京津冀城市群将形成以"两翼"＋"京三角"为引领、其余城市组团发展的城市空间新格局，❸ 使北京、天津和雄安新区的三角城市结构日益显现。

2. 雄安新区为加快京津冀协同发展搭建了重要平台

结合京津冀协同发展，武义青、冷宣荣，石崧、陈洋，许可，李德国和蔡晶晶等人认为雄安新区建设在其中能够发挥积极的作用。武义青和冷宣荣在《推动建立雄安新区与周边地区协同发展新格局》一文中

❶ 范周：《新使命 新理念 新模式：雄安新区发展研究报告（第一卷）》，知识产权出版社 2017 年版。

❷ 吴守蓉、景辉、陈琰：《习近平对京津冀协同发展的指导》，载《党的文献》2019 年第 3 期。

❸ 胡伟、石碧华：《天津—雄安新区联动发展的现实基础与路径选择》，载《天津师范大学学报》（社会科学版）2019 年第 4 期。

认为，雄安新区不仅是解决北京大城市病、探索人口经济密集地区优化开发新模式的重要平台，也是缩小河北与京津发展差距、带动河北经济社会发展的新的增长极，❶ 反映出雄安新区对于缓解北京的城市压力，加快天津的城市开发优化，以及推进河北省的跨越式发展，都能够引发良好的效应。石崧和陈洋在《从雄安新区设立看京津冀区域协同治理》一文中表示，通过雄安新区来率先带动京津保地区的联动发展，可以有效地改善既有的京津单轴发展格局，培育京津保新的成长三角，从而形成类似于长三角和珠三角的稳态均衡架构，❷ 这将使北京和天津两个大城市能够带动保定乃至河北省的快速发展，扭转京津冀长期发展不平衡的局面，对于提升华北地区的经济板块，具有十分重要的现实意义。许可表明雄安新区规划范围涉及河北省雄县、容城、安新 3 县及周边部分区域，地处北京、天津、保定腹地，区位优势明显、交通便捷通畅、生态环境优良、资源环境承载能力较强，能够带动京津冀地区的经济与社会发展，❸ 体现雄安新区凭借地域优势，能够在京津冀一体化的发展中发挥重要的建设作用。李德国和蔡晶晶在《构建雄安新区整体性治理的微观基础——来自行为科学的洞见》一文中表示，构建雄安新区整体性治理格局，是高质量推动京津冀协同发展的重要组织保障，❹ 反映出雄安新区在京津冀协同发展过程中能够发挥重要的作用。

3. 雄安新区为创新性城市建设提供了机遇

从创新性建设角度，王丽、毛寿龙，薛楠、齐严，杨超、刘畅和张贵等学者，探讨了雄安新区在建设过程中所积累的经验，为现代化的城市发展提供了机遇。王丽和毛寿龙在《雄安新区创新型城市建设研究：

---

❶ 武义青、冷宣荣：《推动建立雄安新区与周边地区协同发展新格局》，载《燕山大学学报》（哲学社会科学版）2019 年第 4 期。

❷ 石崧、陈洋：《从雄安新区设立看京津冀区域协同治理》，载《城乡规划》2017 年第 6 期。

❸ 许可：《雄安新区——构建京津冀发展新区域增长极》，载《科学中国人》2017 年第 13 期。

❹ 李德国、蔡晶晶：《构建雄安新区整体性治理的微观基础——来自行为科学的洞见》，载《行政论坛》2019 年第 3 期。

一个概念分析框架》中认为，雄安新区的设立及其战略定位为创新型城市建设提供了契机，❶ 不仅能够促进京津冀的协同创新发展，而且能够拓展京津冀三地的发展空间。薛楠和齐严表明，新区要建设成国际级的创新区和开发平台，坚持世界眼光、国际标准、中国特色、高点定位，打造世界级城市群的中国样本，中央赋予雄安更为灵活的管理权限和自治权，进行制度、科技、创业环境的改革创新，❷ 体现出雄安新区具有明确的战略目标，不仅要达到国际一流的建设水平，而且要成为现代化城市的标杆。杨超和刘畅认为，雄安新区要建成全国创新发展新区、区域发展新中心，❸ 折射出雄安新区在未来将成为国内具有重要影响力的创新发展新区，引领全国新的现代城市群和经济发展区快速向前发展。张贵等在《京津冀经济社会发展报告（2019）雄安新区：建设国际一流的创新型城市》中，以全球价值链攀升演化博弈的视角，剖析了产业的高端化发展，并认为高质量的发展是新区迈向国际一流城市的重要保证，❹ 显示雄安新区的目标定位是国际一流，但需要高质量的发展，以价值链产生的联动效应，来提升雄安新区的国际品牌效果。

　　4. 高质量的发展是雄安新区建设实现预期目标的根本保证

　　将"质量工程"看作雄安新区建设核心内容的学者有陈刚、叶振宇、张晶和冯奎。河北省委原副书记、副省长，雄安新区党工委书记、管委会主任陈刚表示，将政治质量作为"雄安质量"的首要指标和根本保障，更自觉地以习近平新时代中国特色社会主义思想为指导，❺ 体现雄安新区建设必须在中共中央的统一领导下开展工作，在习近平新时

　　❶ 王丽、毛寿龙：《雄安新区创新型城市建设研究：一个概念分析框架》，载《天津行政学院学报》2019 年第 4 期。
　　❷ 薛楠、齐严：《雄安新区创新生态系统构建》，载《中国流通经济》2019 年第 7 期。
　　❸ 杨超、刘畅：《雄安新区经济辐射影响的研究》，载《纳税》2019 年第 20 期。
　　❹ 张贵等：《京津冀经济社会发展报告（2019）雄安新区：建设国际一流的创新型城市》，社会科学文献出版社 2020 年版。
　　❺ 陈刚：《坚持政治站位　打造"雄安质量"》，载《党建》2018 年第 7 期。

代中国特色社会主义理论的指导下进行规划布局和有序建设。叶振宇认为，"雄安质量"是雄安新区高质量发展的综合表现，其评价标准应体现在经济、社会、生态、文化、安全、开放等多个方面，● 反映出雄安新区建设已涉及社会生活及诸多领域。对于高质量的可持续发展，张晶表明，在中国气象局的指导下，雄安新区聘请部门内外专家准确把握自身功能定位，高标准、高质量编制雄安新区智慧气象发展规划，并将主要建设内容纳入国家首批实施的白洋淀生态环境治理和保护规划项目中，● 凸显气象等环境治理，已成为"雄安质量"达标的重要考量因素。冯奎认为，从长远来看，雄安新区将要形成内容丰富、科学规范的雄安质量体系，包括高质量、高水平的发展目标、城市规划、建设开发安排等，● 显示出雄安新区建设已逐渐形成常态化机制，无论在内涵上，还是在外延上，都有很大的深化和扩展。

5. 政府行为和法治参与为雄安新区的顺利建设提供了制度保障

从政府政策的制定和法律规范的出台，对雄安新区建设进程产生积极作用的学者有王丽，杨文彬，江东、王雪尧以及蔡守秋。王丽在《雄安新区建设中的政府责任与政府边界》一文中表示，雄安新区是党中央推进京津冀协同发展的重大决策部署，在建设过程中是政府与市场关系的合理定位，是经济责任与社会责任的共同维护，● 显示无论中央政府，还是京津冀三地的地方政府，都将雄安地区的经济发展，纳入政府的工作部署中，并承担相应的建设责任。杨文彬认为，河北雄安新区的设立和发展改变了京津冀政府间关系的主体结构和互动机制，● 使得

　● 叶振宇：《"雄安质量"的时代内涵与实现路径》，载《天津师范大学学报》（社会科学版）2019 年第 4 期。

　● 张晶：《强化气象支撑　成就"雄安质量"》，载《人民论坛》2018 年第 32 期。

　● 冯奎：《如何认识雄安质量》，载《中国发展观察》2018 年第 9 期。

　● 王丽：《雄安新区建设中的政府责任与政府边界》，载《甘肃社会科学》2019 年第 2 期。

　● 杨文彬：《论雄安新区与京津冀政府间关系的重构》，载《天津行政学院学报》2017 年第 6 期。

北京市政府、天津市政府与河北省政府之间的合作更加密切和频繁，而这一重要的推动力则是雄安新区的设立和布局。江东和王雪尧二者在《论雄安新区的立法需求及实现路径》一文中表明，授权立法在雄安新区的建设中，为建立和完善雄安新区经济结构，建立和健全有中国特色的社会主义法制体系及在立法实践中都发挥着十分重要的作用，● 反映出雄安新区的立法实践，能够为中国法制化进程的推进，提供良好的范例。蔡守秋提出了雄安新区法治建设的几个问题，包括雄安新区法治建设的意义、指导思想、目的、任务，以及健全法律体系，并提出了制定相关法规或法律规范性文件的建议，● 凸显加快雄安新区立法，制定相应的法律法规，对于保障雄安新区建设的顺利进行，具有重要的现实意义。

6. 金融业发展有助于雄安新区的产业转移和提升

探讨金融业的不同发展方式，能够促进雄安新区产业链连接的学者有张银蒙，文洪武，王璇、任瑞，杨晓阳和韩卓琦。张银蒙认为雄安新区处于建设的初级阶段，需要金融支撑，● 雄安新区的长期发展，离不开金融行业的支持，因为绿色金融可以将环境和经济结合起来形成互动式发展，产生良好的社会效应。文洪武在《碳金融支持雄安新区绿色发展路径探析》一文中表明，设立雄安绿色金融产品交易中心或碳排放交易所，发展碳金融及生态环境类金融衍生品，支持企业将预期碳减排量进行转让或衍生融资，可以为环境保护和生态修复提供可持续发展资金，● 反映出发展碳金融，无论对于雄安新区的经济发展，还是对于周边环境的生态治理，都能够发挥积极的作用。王璇和任瑞在《雄安

● 江东、王雪尧：《论雄安新区的立法需求及实现路径》，载《法制与社会》2019 年第 22 期。

● 蔡守秋：《关于雄安新区法治建设的几个问题》，载《河北大学学报》（哲学社会科学版）2017 年第 5 期。

● 张银蒙：《我国绿色金融发展现状与对策研究——以雄安新区为例》，载《创新科技》2019 年第 4 期。

● 文洪武：《碳金融支持雄安新区绿色发展路径探析》，载《河北金融》2019 年第 8 期。

新区发展绿色金融面临的机遇与挑战》一文中，通过进行 SWOT 分析，认为雄安新区在实施绿色金融发展的策略过程中，拥有制度优势、人力资源优势、区位交通优势和环境优势，但也存在产业结构落后、金融发展水平较低等劣势，同时受到地方政府财政困难、金融支持绿色发展能力不足等不良因素的威胁，❶ 体现出雄安新区在建设进程中既有优势，也有困难，因而，发展绿色金融，能够解决诸如资金和环境污染等问题，促进雄安新区建设得以可持续发展。杨晓阳和韩卓琦二者认为，雄安新区金融建设内部资金不足、实体经济带动效应微弱、金融风险敞口大，这些存在的金融风险将给雄安新区长期建设带来不利影响，因而需要构建金融风险防控体系，❷ 使雄安新区的金融风险能够处于可控的范围之内。

7. 绿色发展和可持续发展是雄安新区建设的时代特征

从绿色生态发展角度，论述雄安新区可持续建设的学者有程一楠，杨钟悦、王悦，马林艺、米青和刘畅。程一楠在《雄安新区绿色发展措施探讨》一文中表示，绿色发展是解决雄安新区生态破坏和环境污染问题的现实要求，因而要采取发展高端高新产业、推动智慧城市建设等方式来加快雄安新区的绿色发展，❸ 反映出绿色发展的思路是雄安新区实施可持续发展目标的重要理念。杨钟悦和王悦在《城镇化视角的雄安新区现代化与生态文明建设协同推进研究》中表明，要坚持"先把人放在第一位，把环境保护放在第一位，平衡城乡发展，和谐发展"的原则，将雄安新区建设为国家级生态区域（城市），注重生态环境保

---

❶ 王璇、任瑞：《雄安新区发展绿色金融面临的机遇与挑战》，载《全国流通经济》2018 年第 31 期。

❷ 杨晓阳、韩卓琦：《雄安新区的绿色金融风险控制体系分析》，载《全国流通经济》2018 年第 32 期。

❸ 程一楠：《雄安新区绿色发展措施探讨》，载《绿色科技》2018 年第 24 期。

护,❶ 凸显绿色发展的重要性,不仅能够实现人与自然的可持续发展,而且能够达到雄安新区高质量和高标准的建设目标。马林艺、米青和刘畅三者提出了雄安新区在建设过程中应关注的几个问题,具体有绿色智慧指导理念的整合、综合性的建设标准的构建、政策支持的不断优化,❷ 涉及建设的理念、标准和政策,对于雄安新区未来的长期健康发展,在一定程度上能够起到重要的引导作用。

(二) 研究动态

从以上的学术梳理可以看出,一些专家和学者对雄安新区的规划和建设进行了研究,主要涉及习近平总书记关于雄安新区的发展理念、雄安新区在京津冀协同发展中的平台建设、创新性城市建设、高质量发展的内涵、政府行为和法治参与、金融业的助力发展以及绿色生态发展等方面。这些前期研究将雄安新区与区域经济合作、城市规划建设、生态环境治理和政府法律规范等结合起来进行研究,有一定的学术创新和积累。然而,从目前雄安新区研究的整体进程来看,相关的研究成果还不多,研究的深度也有待进一步拓展。尤其是,关于习近平总书记对雄安新区指示精神方面的研究还比较少,包括建设的理念和治理的效果等方面的研究也不多。这对于保障雄安新区长期健康的发展,则是很有必要的研究。因此,本书在前期研究的基础上,对习近平总书记关于雄安新区建设的指导理念、城市建设的规划布局、京津冀协同发展、交通基础设施建设,以及周边环境治理等,都将做全面、深入的研究。

四、研究方法

本书是涉及多个领域的综合研究,包括经济、政治、法律、教育、

---

❶ 杨钟悦、王悦:《城镇化视角的雄安新区现代化与生态文明建设协同推进研究》,载《齐齐哈尔大学学报》(哲学社会科学版) 2019 年第 1 期。

❷ 马林艺、米青、刘畅:《雄安新区绿色智慧新城建设应注重的关键问题》,载《传播力研究》2018 年第 32 期。

科技等，因而采用文献研究法、比较研究法、定性研究法和归纳演绎法。具体研究方法如下。

（一） 文献研究法

本书通过查找雄安新区建设的相关资料、书籍和期刊论文，对其中的一些学术文献进行了分析和研究，以了解雄安新区目前的建设状况，并将一些内容和观点引入到撰写的内容中，使论文的论证有理有据。

（二） 比较研究法

本书将北京、天津与河北三地的经济发展状况进行对比，找出三地的差距及其原因，然后将雄安新区设立前后周边的发展水平进行比较，剖析出雄安新区无论对周边经济发展，还是对京津冀一体化建设，都产生了积极效应。

（三） 定性研究法

通过对雄安新区在区域发展和社会贡献方面的作用进行研究，我们认识到雄安新区设立的意义重大，对其发挥疏解北京非首都功能、协调天津市的发展，以及提升河北省的经济水平，进行了全面的分析，并做出总结。

（四） 归纳演绎法

通过对影响雄安新区发展的因素，包括经济发展指标、消费价格指数、物流运输量等进行推理和演算，归纳出雄安新区长期健康发展的有利因素，最后得出结论。

第一章　雄安新区的规划建设背景

一、京津冀协同发展的必要性

随着京津冀三地协同创新发展进程的加快，北京市、天津市与河北省之间的联系日益密切。这不仅体现在经济依赖性程度不断提高，也体现在交通运输、产业转移、人才培养和环境治理等多个方面进行了有效对接。京津冀三地的发展各有优势，在发展过程中也都有各自的特色。然而，从实际情况来看，北京、天津与河北也存在一些发展上的瓶颈。作为中国的首都、国际大都市，北京虽然发展比较完善，但仍存在人口众多、居住困难、资源紧缺、交通拥挤和物价过高等"大城市病"，受到很大的发展阻力。如何解决这些问题，最直接的方法就是拓展北京的城市化空间，因而，向北京的周边地区延伸，寻找一个相对稳定而又有发展潜力的区域，来承担北京城市化建设的功能，则是解决这些问题的重要对策。此外，天津作为靠近北京的一个直辖市，其濒临渤海，是北方的沿海开放城市，无论在区位优势，还是城市化建设的规模上，都具有显著的特色和较高的发展水平。从现实情况来看，天津也存在一些发展问题，诸如部分工业基础老化、城市发展不均衡、环境污染严重等，在一定程度上制约着天津向高度现代化方向迈进。河北省虽然近些年来发展速度明显加快，其中，石家庄和唐山等城市的综合发展水平得到了显著提升，但与沿海等发达省区相比仍然有很大差距，其在全国的经济总量占比排名也处于相对靠后的位置。

北京、天津与河北在发展过程中具有自身的特点，但从实际情况来看，北京和天津的发展水平明显高于河北。这使京津冀三地出现了发展不平衡现象。目前，京津冀在城市布局方面存在的主要问题是，京津两极过于"肥胖"，周边中小城市过于"瘦弱"，不同规模城市间没有形成合理的分工和分布格局，❶ 这反映出北京、天津与河北之间的发展存在不协调的现象，产生了不均衡的结构性矛盾，因而应加强京津冀之间的资源整合，推进协同发展。北京作为大都市，能够为天津与河北的发展带来金融资源、智力支持、商机和政策支持等，天津作为沿海开放城市，可以通过发挥港口优势为北京和河北的出口货物提供海上运输便利，促进外向型经济的发展，而河北能够为北京和天津供应大量物资，包括生产和生活方面的必需品。这体现出三地可以通过发挥自身的优势来取长补短，促进彼此间的共同发展。习近平总书记在京津冀协同发展座谈会上强调，要从全局的高度和更长远的考虑来认识和做好京津冀协同发展工作，增强协同发展的自觉性、主动性、创造性，保持历史耐心和战略定力，稳扎稳打，勇于担当，敢于创新，善作善成，下更大气力推动京津冀协同发展取得新的更大进展。❷ 京津冀协同发展是一项长期的工作，不仅在协调性上需要三地的积极配合，而且在人、财、物方面三地要相互支持、互相补充，以不断实现阶段性建设目标。

---

❶ 中共中央文献研究室：《习近平关于社会主义经济建设论述摘编》，中央文献出版社 2017 年版，第 251 页。

❷ 《稳扎稳打勇于担当敢于创新善作善成　推动京津冀协同发展取得新的更大进展》，载《人民日报》2019 年 1 月 19 日，第 1 版。

二、雄安新区设立的背景

随着中国区域经济的不断发展，不同地区通过省与省之间、城市与城市之间的相互连接和融合发展，现已形成了促进区域经济发展的多个经济带，并形成了多个城市群，包括珠江三角洲城市群、长江三角洲城市群等，这不仅加快了不同省市和地区之间的协调发展，而且极大地提高了一些城市的核心竞争力。雄安新区未来建设的目标是形成超级城市群，其规划构想与京津冀一体化的发展有很大关联。早在 20 世纪 80 年代中期，中共中央就已将沪苏浙、珠江三角洲、"三西"煤炭能源基地、京津冀地区作为"四大"试点地区，可见京津冀地区早已成为试点地区之一。21 世纪初，国家发展和改革委员会在河北省廊坊市主办了京津冀区域合作论坛，达成了"廊坊共识"，以加快实现京津冀一体化发展的愿望。2014 年 2 月 26 日，习近平总书记在北京召开的座谈会上，强调实现京津冀协同发展，是面向未来打造新的首都经济圈、推进区域发展体制机制创新的需要，是探索完善城市群布局和形态、为优化开发区域发展提供示范和样板的需要，❶ 是建立环首都经济圈和推动区域发展的目标。2018 年 11 月，中共中央和国务院明确提出要推动京津冀协调发展，以缓解北京超大城市的压力，发挥非首都功能的作用。2020 年 5 月 28 日，河北省发行了"京津冀协同发展专项债券"，为京津冀一体化发展提供了财力支持。

从国家层面来看，中共中央从政策上对北京、天津与河北三地协同创新的重视，使京津冀之间的关联度日益提高。在这样的情况下，为加快推进京津冀一体化发展，并在进程上取得较大突破，雄安新区的设立势在必行。依据特殊的地理位置，北京、天津与河北三地相邻，这不仅

---

❶ "'打破一亩三分地'习近平就京津冀协同发展提七点要求"，新华网，2014 年 2 月 27 日，http://www.xinhuanet.com/politics/2014-02/27/c_119538131.htm.

能够实现相互间的资源整合，形成发展中的优势互补，而且能够将一些城市中的大型企业和生产单位转移到雄安新区，以缓解北京和天津的大城市压力，将石家庄市、北京、天津的重要资源集中起来，实行统一建设、集中管理的现代化发展模式。从 2017 年 4 月 1 日，中共中央、国务院正式设立雄安新区。2019 年 5 月 7 日，雄安新区征迁安置工作正式启动，雄安新区的建设在有条不紊的推进。随着《河北雄安新区总体规划（2018—2035 年）》获得国务院的批复，雄安新区的各项建设已经有了明确的目标和方向。在此政策支持下，河北省也印发了《白洋淀生态环境治理和保护规划（2018—2035 年）》，❶ 对新区生态系统的构建做了良好规划和布局。雄安新区建设，一方面要高质量地建设城市，另一方面要保护好生态环境，使新区建设达到国际化标准。因此，从京津冀三地协调发展来考虑，雄安新区的设立不仅有中央出台的政策支持，还有中国加快城市群建设的需要，在很大程度上能够促进区域经济的快速和可持续发展。

---

❶ 《雄安新区两个规划获批》，载《人民日报》2020 年 1 月 20 日，第 4 版。

第二章　习近平总书记对雄安新区建设的指示精神

作为党和国家的最高领导人，习近平总书记对雄安新区的设立和发展，倾注了大量心血，不仅多次参加建设会议，而且实地视察建设情况，使雄安新区的各项工作得以顺利开展和有序进行。这体现出习近平总书记对雄安新区建设的高度重视和大力支持，为雄安新区未来的发展，提供了重要的政治保障。

一、习近平总书记对雄安新区设立的支持

雄安新区设立之前，习近平总书记就对该项巨大工程做了谋划。2016 年 5 月 27 日，习近平总书记在中共中央政治局会议上强调，"这是党的十八大后中央抓的一个新区建设。雄安新区是党中央批准的首都功能拓展区，同上海浦东、广东深圳那样具有全国意义，这个定位一定要把握好。"❶ 这体现了习近平总书记对雄安新区的定位，不仅起点高——将其与浦东新区和深圳经济特区置于同样地位，而且将新区作为北京的功能拓展区。习近平总书记指出，"规划建设雄安新区，要在党

---

❶ 《千年大计、国家大事——以习近平同志为核心的党中央决策河北雄安新区规划建设纪实》，载《人民日报》2017 年 4 月 14 日，第 1 版。

中央领导下，坚持稳中求进工作总基调"，❶ 这表明雄安新区建设保持正确的政治方向，有利于其未来的平稳发展。2017 年 2 月 23 日，习近平总书记亲赴河北省安新县考察当地的情况，包括区域位置、地理环境、生产生活等多个方面，为新区设立提前进行实地调研。在当天召开的一场小型研讨会上，习近平总书记指出，"规划建设雄安新区是具有重大历史意义的战略选择，是疏解北京非首都功能、推进京津冀协同发展的历史性工程"。❷ 从历史角度来看，雄安新区的设立意义重大，不但具有战略性，而且具有历史性，是关系到缓解北京大城市压力、加快京津冀一体化发展的巨大工程。北京作为中国的首都，经济高度发达，但多年来形成的"大城市病"，制约着北京向现代化、国际化超大城市方向发展，尤其是市内的拥挤给工业生产和居民生活带来了很大困扰。在这样的情况下，把一部分企业和事业单位，迁移到雄安新区，不仅可以疏解北京的城市压力，而且能够为河北省带来现代化设施和丰富的社会资源，为河北省以及天津市的协同发展，带来更多的机遇和活力。

　　国家推进治理体系和治理能力现代化建设，其中重要一点就是要加强大城市建设，并做好现代化管理，而对北京的治理则是重中之重，毕竟，北京是中国的首都，是全国的政治、经济和文化中心。天津作为直辖市，处于环渤海经济圈，临近北京与河北，介于内陆和海洋之间，区位优势特殊，因而加快天津的现代化治理，也在党中央的重要考量范围之内。北京和天津带动河北发展，河北为北京和天津提供物质资源和地理空间，三地相互融合、相辅相成，对三地未来的发展共同发挥作用。从北京、天津、河北现有的经济结构来看，如果各自封闭调整只会形成

---

　　❶　中共中央文献研究室：《习近平关于社会主义经济建设论述摘编》，中央文献出版社 2017 年版，第 283 页。

　　❷　《千年大计、国家大事——以习近平同志为核心的党中央决策河北雄安新区规划建设纪实》，载《人民日报》2017 年 4 月 14 日，第 1 版。

小循环，● 这不利于三地未来的快速均衡发展。2014 年 10 月 17 日，习近平总书记在对《京津冀协同发展规划总体思路框架》的批示中指出，"目前京津冀三地发展差距较大，不能搞齐步走、平面推进，也不能继续扩大差距，应从实际出发，选择有条件的区域率先推进，通过试点示范带动其他地区发展"。● 河北省与北京和天津在发展程度上确实存在差距，需要采取具体问题具体解决的方式，一方面能够消除京津两地在长期发展中存在的弊端，使城市建设更合理和完善，另一方面也能够带动河北省的快速发展。可以考虑将北京现有高端制造业的部分产业链、其他制造业的整个产业链转移到天津、河北地区，把北京的部分产业发展功能疏解到天津、河北，● 这对京津冀之间的协同和创新，以及一体化融合发展，都有重要的现实意义。从地理位置来看，北京、天津与河北组成三环，而由雄县、容城和安新县组成的雄安新区，则是三环地缘交会的核心地带，能够为三地的互动式发展，提供重要的地理平台。

习近平总书记通过对京津冀的发展特色进行比较，并在实地考察和调研雄安新区地理和地貌等多个要素后，做出了果断的决定：要在河北雄安这个大的区域范围内，建成具有世界影响力的超大城市群，其未来发展前景要和深圳与浦东经济特区媲美。2016 年 3 月 24 日，习近平总书记主持召开了中央政治局常务委员会会议，审议通过了《关于北京市行政副中心和疏解北京非首都功能集中承载地有关情况的汇报》，将选定的新址命名为"雄安新区"。习近平总书记指出，"具体到哪里建，

● 中共中央文献研究室：《习近平关于社会主义经济建设论述摘编》，中央文献出版社 2017 年版，第 250 页。

● 《千年大计、国家大事——以习近平同志为核心的党中央决策河北雄安新区规划建设纪实》，载《人民日报》2017 年 4 月 14 日，第 1 版。

● 中共中央文献研究室：《习近平关于社会主义经济建设论述摘编》，中央文献出版社 2017 年版，第 251 页。

这是一个科学论证的问题，不能拍脑袋说在雄安"。❶ 这体现出雄安新区的选址和设立问题，不是随意安排的，而是经过实地考察和科学调研后做出的决定，是统筹规划的合理布局。从实际情况来看，建成后的雄安新区，将对首都北京的城市发展起到很大的疏解作用，将助力北京打造城市空间，使其成为更高标准的国际化大都市。京津冀城市群是我国三大城市群之一，❷ 对于京津冀地区的未来发展，将产生巨大的推动作用。习近平总书记对此作出了高度评价，他认为"建设北京城市副中心和雄安新区两个新城，形成北京新的'两翼'。这是我们城市发展的一种新选择"。❸ 这对首都北京的城市规划和未来建设，无疑起到了重要的推动作用，为北京的跨越式发展注入了新的活力。

对雄安的高标准定位，在一定程度上来说是要助力北京，为北京赢得了更大的发展空间。习近平总书记高瞻远瞩地表明，"在新的历史阶段，集中建设这两个新城，形成北京发展新的骨架，是千年大计、国家大事"。❹ 这既是对雄安新区未来发展的展望和期待，也是对其所发挥作用的肯定。设立雄安新区一方面是出于对北京未来的发展考虑，另一方面是在京津冀交会处建设超级城市群。发展城市群，不能只考虑居住空间，还要考虑就业容量、配套设施、服务功能、资源环境等，❺ 这就需要精心谋划，积极稳妥地分步骤去建设雄安新区。因此，雄安新区前期的准备工作，正是在以习近平总书记为核心的党中央运筹帷幄下，精

---

❶ 《千年大计、国家大事——以习近平同志为核心的党中央决策河北雄安新区规划建设纪实》，载《人民日报》2017 年 4 月 14 日，第 1 版。
❷ 中共中央文献研究室：《习近平关于社会主义经济建设论述摘编》，中央文献出版社 2017 年版，第 252 页。
❸ 《千年大计、国家大事——以习近平同志为核心的党中央决策河北雄安新区规划建设纪实》，载《人民日报》2017 年 4 月 14 日，第 1 版。
❹ 《千年大计、国家大事——以习近平同志为核心的党中央决策河北雄安新区规划建设纪实》，载《人民日报》2017 年 4 月 14 日，第 1 版。
❺ 中共中央文献研究室：《习近平关于社会主义经济建设论述摘编》，中央文献出版社 2017 年版，第 252 页。

心规划了雄安新区的现代化城市发展格局。在新时期中国经济保持中高速增长的情况下，雄安新区无论选址、命名，还是战略性布局，都将对区域经济的快速健康发展，起到重要的促进作用。雄安新区从设立至今，各项工作都在有序开展，但在短短几年间，也不可能取得重大的突破，毕竟新区建设是一项大工程。对此，习近平总书记强调，"建设雄安新区是一项历史性工程，一定要保持历史耐心，有'功成不必在我'的精神境界"。❶习近平总书记的话折射出雄安新区不是一朝一夕能建成的，而是要经过长期持续的建设，即使面对困难也决不能放松甚至放弃，要有敢于拼搏和坚持到底的必胜信心。因此，雄安新区的设立，与习近平总书记的大力支持是分不开的。

二、习近平总书记对雄安新区城市规划的指导

城市规划是雄安新区建设的重要内容，不仅关系到雄安新区未来城市群的建设，还涉及雄安新区整体的城市布局。对于雄安新区的城市规划，习近平总书记高度重视，不但多次提出好的建议，而且亲自到现场视察和走访，通过开展实地调研，来实现雄安新区科学化的合理布局。习近平总书记强调，要坚持先规划后建设的原则，编制好城市总体规划，把每一寸土地都规划得清清楚楚再开工建设，❷这显示出习近平总书记以科学严谨的态度对待新区的城市规划，这样能够保证新区建设循序渐进地开展，避免出差错。从现实情况来看，雄安新区在建设前就做好了整体规划，这有利于新区按照既定的规划设计图进行建设，确保建设的各个环节都能够相互衔接、有条不紊。雄安新区的城市规划，一方

---

❶ 《千年大计、国家大事——以习近平同志为核心的党中央决策河北雄安新区规划建设纪实》，载《人民日报》2017年4月14日，第1版。

❷ "奋进新时代 建设雄安城——以习近平同志为核心的党中央谋划指导《河北雄安新区规划纲要》编制纪实"，中华人民共和国中央人民政府网，2018年4月26日，http://www.gov.cn/xinwen/2018-04/26/content_5286220.htm.

面关系到整个城市的面貌，另一方面要反映出新区的国际化标准，毕竟雄安新区建设是一项长期的巨大工程，影响深远。建设雄安新区，要坚持世界眼光、国际标准、中国特色、高点定位的原则，❶ 对此，习近平总书记指出，要"精心推进不留历史遗憾""保持历史耐心""经得起历史检验，成为我们这一代中国共产党人留给子孙后代的历史遗产"，❷这反映出雄安新区的建设及其起到的作用，不但是当代人所要重视的，而且是后代人能够享受的，是能够为子孙造福的宏伟工程。

　　基于规划建设的重要事宜，习近平总书记对雄安新区提出了三个建设标准，即"高起点、高标准、高水平"。高起点，意味着新区建设的起点要高，不但要从国家层面来看待新区，将其看作国家大事，而且要从区域经济发展角度和战略角度，来提升雄安新区在京津冀一体化建设和区位发展中的核心作用。从目前来看，雄安新区建设刚起步，但是其未来发展的潜力是巨大的，在北京、天津与河北三地的发展中能够起到"加速器"的作用。高标准，体现出雄安新区的建设标准要高，不但要达到现代化建设要求，包括城市建设的质量和城市群的规模，都要符合国家一流建设标准，而且要达到国际标准，如美国纽约、法国巴黎、日本东京等国际大都市和城市群的建设标准。由于这些城市的规划特色鲜明，既有本土文化特点，又有国际化现象，使得这些城市成为全球大城市的"样板"。高水平，反映出无论城市设计还是规划布局等方面的水准都要高。一方面要有高水平的专家进行论证和设计，另一方面建设要达到国内和国际的一流水平，无论在城市群的整体形象打造上，还是建设的效果上，都要体现真正的现代化水平。要将雄安新区建设成绿色智

---

❶　中共中央文献研究室：《习近平关于社会主义经济建设论述摘编》，中央文献出版社 2017年版，第 283 页。

❷　"奋进新时代　建设雄安城——以习近平同志为核心的党中央谋划指导《河北雄安新区规划纲要》编制纪实"，中华人民共和国中央人民政府网，2018 年 4 月 26 日，http://www.gov.cn/xinwen/2018-04/26/content_5286220.htm.

慧新城，建成国际一流、绿色、现代、智慧城市，❶ 事实上，一个城市整体上的规划建设便能够体现该城市的经济水平、文化气息和文明程度。对雄安新区的规划设计标准上的要求之高，就是对其未来建设效果的提前检验。

雄安新区在规划建设过程中，既要考虑雄县、容城和安新县三地的地域特点和文化习俗，也要将其与北京、天津与河北的发展状况相比较，从而做出科学合理的整体规划和城市布局，使雄安在京津冀协同发展中起到相得益彰、相辅相成的作用。习近平总书记指出，"要坚持用最先进的理念和国际一流水准规划设计建设，经得起历史检验"，❷ 这既是总书记对雄安新区规划建设提出的标准和要求，也是对建成后雄安新城高水准的期待。从实际情况来看，雄安新区未来将是一个现代化的城市群，引领着周边一些中小城市的发展，甚至成为一些现代化大城市发展的"标杆"。因此，雄安新区在一开始的规划和设计中，就提出了高标准的要求，使其在未来建设中坚持良好的方向，在以习近平总书记为核心的党中央的亲切关怀和精心指导下，朝着高质量的现代化新城方向迈进。随着《河北雄安新区规划纲要》的出台，新区的建设已经迈上了一个新台阶。这个规划纲要凝聚了多位专业人士和高级人才的智慧，经过多次的论证和编制，最终形成的规划设计成果，符合雄安新区的城市发展特色。这不仅得益于起初良好的规划设计，还为未来有序推进的城市建设提供了重要的参考价值。尤其是雄安新区的规划设计，得到了习近平总书记的大力支持，达到了良好的效果，为未来新区城市群的发展奠定了坚实的基础，并指明了建设的方向。

---

❶ 中共中央文献研究室：《习近平关于社会主义经济建设论述摘编》，中央文献出版社 2017年版，第 283-284 页。

❷ "奋进新时代　建设雄安城——以习近平同志为核心的党中央谋划指导《河北雄安新区规划纲要》编制纪实"，中华人民共和国中央人民政府网，2018 年 4 月 26 日，http://www.gov.cn/xinwen/2018-04/26/content_5286220.htm.

三、习近平总书记对雄安新区建设的关心

从一开始的筹建，无论在政策制定，还是建设谋划，以及选址、命名和规划设计等方面，习近平总书记都亲自过问，不仅主持论证会来探讨新区的建设情况，还亲临雄县、容城和安新县及周边地区考察调研，为新区的启动和推进做了大量的工作。从现实情况来看，雄安新区的高起点定位和高水平建设，与习近平总书记的大力支持是分不开的。习近平总书记强调，要重点打造北京非首都功能疏解集中承载地，在河北适合地段规划建设一座以新发展理念引领的现代新型城区，❶ 这体现出总书记在雄安新区建设最初提出的构想，要在新城建设中融入现代元素，并坚持以新发展理念来指导整个建设过程。新发展理念，是指"创新、协调、绿色、开放、共享"，❷ 以促进社会的长期健康发展。在雄安新区建设中，始终贯彻新发展理念，不但能够使城市群呈现现代化和新颖化的特点，与周边环境营造和谐的氛围，而且在生态环境上成为绿水青山式的宜居城市，使雄安新区面向国内和世界开放，让全民共享其建设的成果。习近平总书记多次提出要将新区建设，包括城市规划、生态环境、交通运输、人文建设、国际合作等多个方面，结合新发展理念，从而呈现科学合理的城市布局，打造集知识、科技、创新于一体的城市群，为缓解北京压力、推动天津产业转移、振兴河北经济发展，发挥积极的作用。

从客观情况来看，任何一项大工程的完成，都不可能是一蹴而就的，而是要经过长期建设，才能达到预期的目标。雄安新区作为千年大计，是一项宏伟的工程，因而在整个建设过程中，要尽心尽力，只有努

---

❶ "习近平擘画雄安新区蓝图推动京津冀协同发展"，人民网，2017 年 4 月 7 日，http://politics.people.com.cn/n1/2017/0407/c1001-29196305.html。

❷ 中共中央宣传部：《习近平总书记系列重要讲话读本》，学习出版社，人民出版社 2016 年版，第 127 页。

力克服遇到的困难，才能创造雄安建设的伟大奇迹。2017 年 2 月 23 日，习近平总书记在河北安新县考察时，在建设座谈会上表明，雄安新区建设需要落实"四个坚持"，即坚持世界眼光、国际标准、中国特色、高点定位；坚持生态优先、绿色发展；坚持以人民为中心、注重保障和改善民生；坚持保护弘扬中华优秀传统文化、延续历史文脉。❶ 这表明了习近平总书记对雄安新区在城市规划、建设标准、名生工程和文明城市等方面提出的要求，既有战略高度，也有发展眼光，并注重维护广大人民群众的利益，使未来的雄安新城能够真正贡献于社会，造福于人民。2019 年 1 月 16 日，习近平总书记不辞劳苦，再次去往雄安新区进行调研，着重考察了雄安新区整体的规划建设，包括规划方案的执行、出台政策的落实等情况。习近平总书记在鼓励雄安新区的创业者时指出，"无论是国有的还是民营的企业，无论是本地的还是北京的企业，都要把握住这个千载难逢的机会，把握住历史机遇，做民族复兴、改革创新的弄潮儿，创造新的辉煌业绩"。❷ 这体现出习近平总书记不但对雄安创业者的工作给予了鼓励，而且客观地分析了雄安在现代化建设中的作用，应把握改革开放中难得的发展机遇，毕竟雄安新区建设是一项伟大的工程。

习近平总书记对雄安新区建设的关心，一方面体现在建设的理念上，另一方面集中于新区的城市规划和布局上。如何才能把北京、天津与河北的资源整合，实现优势互补？这是一个关系到三地的未来发展和协同创新的重要问题。从现实情况来看，北京和天津的城市发展"过胖"，而河北省相对二者来说"过瘦"，因而解决这两个问题，事关三者之间的发展平衡。针对京津"瘦身"，而河北省要适当"增肥"的问

---

❶ "习近平擘画雄安新区蓝图推动京津冀协同发展"，人民网，2017 年 4 月 7 日，http://politics. people. com. cn/n1/2017/0407/c1001-29196305. html.

❷ "习近平再访雄安：擂响全面推进雄安新区发展的'战鼓'"，人民网，2019 年 1 月 18 日，http://theory. people. com. cn/n1/2019/0118/c40531-30575344. html.

题，习近平总书记强调，一个重大国家战略，要坚持优势互补、互利共赢、扎实推进，加快走出一条科学持续的协同发展路子来。❶ 这显示出雄安新区的设立，能够解决京津冀三地发展的瓶颈问题，并通过加快城市规划建设来推动城市群建设，有效破解北京和天津两地的"大城市病"，通过带动效应和联合发展，快速提升河北省整体的经济发展水平。因此，习近平总书记提出的先进科学的发展理念，对雄安新区的高效建设，起到了重要的指导和促进作用。从目前雄安新区的发展状况来看，各项工作都在循序渐进地建设中，并且稳步向前推进，恰好证明了前期的规划建设既科学又合理。这得益于以习近平总书记为核心的党中央的正确领导和大力支持，以及习近平总书记的深切关心和精心谋划，为了新区建设他多次进行实地考察，召开论证会，采用科学的方法，推动着雄安新区一步一个脚印地向前发展。

四、习近平总书记对雄安新区可持续发展的重视

京津冀一体化，不仅包括区域经济一体化，还包括交通一体化和生态环保一体化，促进三地之间的协同发展，突出未来的可持续发展。京津冀三地改革创新、协同互助，建立健全跨区域生态环保工作机制，❷ 显示出环境保护的加强，能够产生良好的生态效应，对于走可持续的发展道路而言，至关重要。从现实情况来看，雄安新区的建设，不仅要满足当代人的发展，还要造福子孙后代，因而新区的规划与建设，要贯彻以习近平总书记为核心的党中央提出的新发展理念。这其中重要的一点就是要倡导绿色发展。从实际情况来看，绿色发展是要遵循自然发展规律，加强生态环境保护，倡导低碳生活，促进人、自然与社会的和谐发

---

❶ "打破'一亩三分地'习近平就京津冀协同发展提七点要求"，新华网，2014年2月27日，http://www.xinhuanet.com/politics/2014-02/27/c_119538131.htm.

❷ 《京津冀 这三年不寻常》，载《人民日报》2017年3月2日，第1版。

展，不仅要满足当代人的发展需求，还要为子孙后代的生存和发展着想。基于此，雄安新区作为京津冀一体化的交汇点与合作平台，需要自始至终融入新发展理念，把人的发展、自然的发展、社会的发展有机统一起来，真正建成生态优美、城市宜居、人民幸福、社会安定，能够造福于子孙后代的超级规模大城市群。这就要求雄安新区长期坚持可持续的发展理念，为周边地区营造良好的发展氛围。习近平总书记在天津对建设现代化的生态城市示范区时指出，生态城要兼顾好先进性、高端化和能复制、可推广两个方面，在体现人与人、人与经济活动、人与环境和谐共存等方面作出有说服力的回答，为建设资源节约型、环境友好型社会提供示范，❶ 雄安新区作为未来的生态城的样板，需要在人与自然环境之间的可持续发展方面下大功夫，做好相互协调、互相配合方面的创新性工作。

　　可持续发展是指，一方面要保证资源的再生和可利用，另一方面要重视人、社会与环境之间的和谐统一，共生共融。雄安新区作为一项巨大工程，不能只看重城市建设，还应该把绿色发展的理念融入新区整体的规划建设中，包括白洋淀污水处理、防治大气污染、种植绿化林带、低碳出行、节约资源等多种保护环境的方式，纳入到新区的生产、生活和管理中。习近平总书记指出，城市的定位和规划，要体现尊重自然、顺应自然、天人合一的理念，依托现有山水脉络等独特风光，让城市融入大自然，让居民望得见山、看得见水、记得住乡愁；要融入现代元素，更要保护和弘扬传统优秀文化，延续城市历史文脉；要融入让群众生活更舒适的理念，体现在每一个细节中，❷ 这反映出雄安新区作为一座现代化新城，在城市规划和建设中，要将自然和城市相结合，包括环

---

❶ "习近平在天津考察"，人民网，2013 年 5 月 15 日，http://politics.people.com.cn/n/2013/0515/c1001-21496513.html.

❷ "习近平心中的'城市中国'"，新华网，2015 年 12 月 9 日，http://www.xinhuanet.com/politics/2015-12/09/c_1117399732.htm.

境保护和城市文化协调发展，使老百姓在享受城市生活的同时，不断提高对历史文化的认知，这样才能达到相得益彰，融合发展，促进民生的改善和城市文化的发展的目的。雄安新区位于河北省境内，邻近北京和天津两市，周边有白洋淀水系，有南拒马河、大清河、白沟引河等河流，有多处古河道，植被覆盖率较低。这为建设城市群提供了广阔的空间，也能够通过种植植被和建设绿化带，来加强对生态环境的保护。

人与社会的和谐发展，是雄安新区可持续发展的一项重要内容。雄安境内有深厚的传统文化积淀，包括南阳遗址、宋辽古战场、三各庄遗址、晾马合遗址、明月禅寺、梁庄遗址、留村遗址，还有圈头音乐会、安新芦苇画等非物质文化遗产，以及水上婚礼等民俗风情，这对于雄安人文城市的建设，将发挥重要的作用。雄安新区的建设不仅要重视这些历史文化的传承，还要将它们融入到生态环境中，因为这些文化元素能够在城市环境的融合中，发挥巨大的价值。习近平总书记指出，"绿水青山就是金山银山，雄安新区就要靠这样的生态环境来体现价值、增加吸引力"。❶ 习近平总书记表达了雄安新区要重视生态链建设，包括自然环境、人文景观等，要体现出城市的魅力，实现价值增值的思想。作为未来的超级城市群，雄安新区既要把生态环境建设结合到城市规划和布局中，又要把绿色可持续发展纳入到雄安新区的长效机制建设中，促进自然、社会与人的和谐共生。践行新发展理念，雄安新区将在生态建设和环境保护方面下大功夫，不仅要进行大量的植被种植，而且要净化水源，使雄安新城呈现碧水蓝天的美丽景象。

中共中央和国务院于 2019 年初出台了《关于支持河北雄安新区全面深化改革和扩大开放的指导意见》，其中对雄安新区的可持续发展提出了良好的意见，贯彻习近平总书记生态文明思想，践行生态文明理

---

❶ "习近平再访雄安：擂响全面推进雄安新区发展的'战鼓'"，人民网，2019 年 1 月 18 日，http://theory.people.com.cn/n1/2019/0118/c40531-30575344.html。

念，实行最严格的生态环境保护制度，将雄安新区自然生态优势转化为经济社会发展优势，建设蓝绿交织、水城共融的新时代生态文明典范城市，走出一条人与自然和谐共生的现代化发展道路，❶ 这反映出雄安新区的整体建设要坚持生态可持续发展理念，必须以习近平总书记提出的新发展理念为指导，将生态文明建设的加强和环境保护机制的建立有机结合起来，营造城市发展、经济腾飞、自然优美、人居幸福的和谐氛围。这不仅能够推动雄安新区的发展朝着科学文明的方向迈进，还可以提升雄安新区的城市形象，从而获得大众良好的美誉度。按照以习近平为核心的党中央批复的《河北雄安新区规划纲要》中提出的，未来蓝绿空间占比稳定在 70%。新区规划森林覆盖率由现在的 11% 提高到 40%，起步区规划绿化覆盖率达到 50%，白洋淀淀区面积将由目前的 171 平方公里逐步恢复至 360 平方公里左右；正常水位保持在 6.5~7 米，水质更清澈，实现中小降雨 100% 自然积存、净化，城市生活垃圾回收资源利用率达到 45% 以上，❷ 这些数字明确地显示出雄安新区在规划中设立的绿色发展目标。这些目标的实现，不仅能够满足当代人的生活需求，还能够为子孙后代创造财富，为他们的幸福打下良好的基础。

---

❶ "中共中央 国务院关于支持河北雄安新区全面深化改革和扩大开放的指导意见"，中华人民共和国中央人民政府网，2019 年 1 月 24 日，http://www.gov.cn/zhengce/2019-01/24/content_5360927.htm.

❷ "奋进新时代 建设雄安城——以习近平同志为核心的党中央谋划指导《河北雄安新区规划纲要》编制纪实"，新华网，2018 年 4 月 26 日，http://www.xinhuanet.com/2018-04/26/c_1122749338.htm.

第三章　新发展理念对雄安新区建设的现实作用

以习近平同志为核心的党中央提出的新发展理念，对当今中国经济与社会的全面发展，起到了重要的指导作用，不仅提高了发展的质量，还产生了良好的社会效益，更加促进了包括雄安新区在内的区域经济和城市建设的全面、健康、有序发展。

一、新发展理念的内涵和特征

新发展理念，作为改革创新的新思想，既继承了传统发展理念中积极的因素，又结合现实发展中的多种情况，进行了新的调整和突破。这是社会现代化建设进程中发展思维的新变化，通过不断完善和创新，来促进社会主义现代化建设中各项事业的快速、健康、高效和可持续发展。

（一）内涵

新发展理念产生的背景最早是在"十三五"规划期间，是关系到国民经济发展战略而被提出的发展思路。习近平总书记在《中共中央关于制定国民经济和社会发展第十三个五年规划的建议》中提出，用新的发展理念引领发展行动，发展理念是发展行动的先导，是管全局、管根本、管方向、管长远的东西，是发展思路、发展方向、发展着力点的集中体现。❶ 这体现出发展理念对于改革开放和社会主义现代化事业的推进，都产生重要的影响，不仅关系到未来的发展方向，还涉及社会整体的发展动力。2015 年 10 月 29 日，习近平总书记在党的十八届五中全会第二次全体会议上明确提出，坚持创新发展、协调发展、绿色发展、开放发展、共享发展，是关系我国发展全局的一场深刻变革。❷ 这是习近平总书记对五大发展理念的高度概括，并强调了其对中国社会发展的重要性，是改革开放与社会主义现代化建设进程中发展方式上的深层次调整和创新。新发展理念，由此而产生，一方面涉及中国的经济发展，另一方面关系到生态、人文、社会等多个领域。从实际情况来看，新发展理念，是创新、协调、绿色、开放和共享，其内涵丰富，意义深远，对于中国各个方面的发展，都起到了重要的指导作用。

创新，是指在发展中要转变传统观念，突破原有的工作机制，采用新的发展方式，以推动经济和社会的进步。这不但能够提高工作效率，还能够增强发展动力，使规模和速度较之前都进一步扩大和提高。协调，是指为了实现均衡发展，将人、财、物在不同地区进行合理分配，实现社会资源的合理配置。这对于中国全面平衡发展来说至关重要，毕竟各地区的发展还存在差异，例如，东部沿海地区和西部内陆地区，二者的发展仍然存在较大差距。因此，促进不同地区的协调发展，能够实现社会资源的有效合理分配，从而形成相互协作的发展氛围，对于解决发展中的不平衡问题，能够产生积极的作用。绿色，体现出在发展过程中要使自然、人与社会建立和谐共生的关系，一方面要做好生态治理和环境保护，另一方面要提倡节约资源和低碳生活，未来发展的目标是，社会成果和资源不但可以满足当代人的需求，还可以满足子孙后代的需

---

❶ "习近平：关于《中共中央关于制定国民经济和社会发展第十三个五年规划的建议》的说明"，新华网，2015 年 11 月 3 日，http://www.xinhuanet.com//politics/2015-11/03/c_1117029621_2.htm.

❷ 习近平：《在党的十八届五中全会第二次全体会议上的讲话》，载《求是》2016 年第 1 期。

要，为他们的生存和发展奠定基础。在生产和生活中，将创新和绿色发展相结合，能够有力促进绿色发展的社会化目标的达成。利用技术创新等技术手段和产业规制等经济手段，不断开发风能、太阳能、生物质能源等传统能源的替代能源，不断提高能源的综合利用效率成为实现经济系统可持续发展，人类社会健康生存亟待解决的重大现实问题，❶ 这反映出采用技术创新等不同方式，能够开发和利用多种资源，为人类社会未来的可持续发展提供服务。因此，绿色发展的实质就是可持续发展，以达到长期健康有序发展的目的。

开放发展，就是要面向国内外，加强相互间的合作，打破发展中存在的瓶颈或设置的壁垒，彼此融合，共同合理地利用资源，形成统一配合、全面发展的格局。实践证明，中国经历了四十多年的改革开放，取得了举世瞩目的成就，重要的原因就在于中国制定并实施了全方位的对外开放政策。然而，随着经济全球化的推进，中国的经济和社会发展也暴露出一些问题，这就需要中国扩大内需，加快外向型经济的发展，同发达经济体和新兴经济体国家开展贸易和投资对接，加快国际资本流动和人民币国际化的速度，使包括深圳经济特区、上海浦东新区以及河北雄安新区等经济区域，得以快速健康发展。共享，即共同享有社会资源和劳动成果，使公平正义问题得到解决。虽然近些年来中国的经济得以快速发展，人民生活水平不断提高，但分配上出现的不公平和不合理现象依然存在，这在一定程度上降低了人们干事业的积极性、主动性，容易导致一些社会矛盾的产生。因此，采用按劳分配和按生产要素分配的方式，共同享有改革成果，营造公平正义的良好社会氛围，无论对于改革开放的顺利进行，还是对社会主义现代化建设进程的持续推进，都将产生重要的影响。毕竟，公平正义，也是社会主义核心价值观的重要内

---

❶　韩红蕾：《可持续绿色经济发展的影响因素和转化路径》，载《西南师范大学学报》（自然科学版）2021年第1期，第78页。

容和基本要求。共享发展理念所追求的平等、公平、正义是把经济、政治、文化、社会、生态作为一个整体的价值追求，● 能够使社会形成合力，从而解决发展过程中的许多问题，实现社会价值和人的价值，并使二者之间达到有机统一。

（二）特征

新发展理念，作为指导中国社会各方面事业发展的思想，蕴含着先进的智慧，为中国未来的经济发展与社会发展指出了正确的方向，具有显著的特征。

1. 科学性

新发展理念，是在马克思主义关于人与社会发展理论论述的基础上，结合中国当前的发展状况和特点，做出的对经济、生态、人文等多方面建设的指导，在发展方式上形成了丰富的科学思想体系。从客观情况来看，马克思主义是理论与实践相结合的科学理论，无论对世界革命潮流的判断，还是对人类社会未来发展的预测，都是合理的分析和总结。新发展理念，是以习近平同志为核心的中国共产党人，在深入领悟和理解马克思主义理论的内涵后，对中国现阶段的国情和发展方式进行全面考察，并在客观分析和科学研究的基础上，提出了创新、协调、绿色、开放和共享的发展理念。习近平总书记在第十九届五中全会精神专题研讨会上指出，新发展理念是一个系统的理论体系，回答了关于发展的目的、动力、方式、路径等一系列理论和实践问题，阐明了我们党关于发展的政治立场、价值导向、发展模式、发展道路等重大政治问题。❷ 这表明新发展理念是科学的理论体系，在系统上具有统一性和连续性，同时关系到中国社会未来发展的全局。基于此，践行新发展理

● 朱霁、廖加林：《论共享发展理念对共同富裕原则的坚持和发展》，载《广西社会科学》2020 年第 11 期，第 32 页。

❷ 《完整准确全面贯彻新发展理念——论学习贯彻习近平总书记在省部级专题研讨班上重要讲话》，载《人民日报》2021 年 1 月 14 日，第 1 版。

念，不但能够为中国现在及今后的发展指明方向，而且还延伸出中国特色的发展理念，具有科学性的特征。

2. 实践性

以习近平同志为核心的党中央，通过召开会议、审阅材料、专家研讨等多种方式，对中国的经济和社会发展状况，进行了全面的分析和论证，得出了中国下一步要进行发展方式的转变这一重要结论。习近平总书记本人也多次到全国各个省份进行考察，听取了不同地区不同行业相关人员对发展的意见，并查看了工业、农业、服务业等行业的发展状况和数据资料，经过分析和研判，提出了创新发展、协调发展、绿色发展、开放发展和共享发展的五大发展理念。这体现出新发展理念是以习近平同志为核心的党中央，在调查研究的实践基础上，深刻总结了中国社会发展的经验和存在的矛盾，提出的促进中国经济和社会发展的重要理念。从现实情况来看，新发展理念具有很强的社会实践性，其不仅是在深刻总结国内外发展经验教训、分析国内外发展大势的基础上形成的，也是针对我国发展中的突出矛盾和问题提出来的，集中反映了我们党对我国发展规律的新认识，❶ 反映出新发展理念是通过对国内和国外的发展情况，在遵循经济和社会发展规律的基础上，进行实践性的综合分析和科学判断，提出的能够适合当前中国全面发展的思想理念。这种理念不仅要解决发展中存在的结构性矛盾，还要提出创新性的方法，而这都是在实践基础上完成的，因而新发展理念具有实践性的特征。

3. 时代性

习近平总书记站在时代前沿，结合国内经济与社会发展的现实状况，洞悉了当今国际环境发生的变化，对改革和发展的方式做出了深度调整。从目前情况来看，中国经济在经过高速发展，进入了新常态，现在已转向高质量发展的中高速阶段。习近平总书记对中国经济形势的发

---

❶ 陈昕：《新发展理念的五大特征》，载《人民日报海外版》2017 年 11 月 29 日，第 5 版。

展判断，是符合客观实际的正确判断。倘若中国经济一味地追求高速度发展，而不注重高质量发展，将使中国经济发展的结构性矛盾加深，陷入如西方国家经济危机的风险，同时不利于中国经济的长期健康可持续发展。基于此，习近平总书记采用马克思主义理论中具体问题具体分析的方式，对中国社会的发展做出了实事求是的剖析和判断，既说明了发展的优势，又指出了存在的劣势，尤其阐述了发展中存在的问题及其根源，并提出了具有可行性的新发展理念。从现实情况来看，新发展理念不但具有很强的务实性，还具有鲜明的时代感。新发展理念中，最重要的是创新，要对发展中的体制机制和具体发展方式进行改革和创新，打破旧式的发展思维，建立新的发展机制，以促进经济与社会的快速发展。这是基于国内外形势和发展情况作出的新的判断，其本身就具有很强的时代感。习近平总书记强调，创新是引领发展的第一动力，要突破自身发展瓶颈、解决深层次矛盾和问题，根本出路就在于创新，关键要靠科技力量，❶ 这体现出创新是促进经济与社会发展的强大动力，是习近平总书记居于时代前沿的正确判断。因此，从实际情况来看，新发展理念具有明显的时代性。

4. 人民性

从现实角度来看，新发展理念的提出，目标是加快中国国内各项事业的发展，提高人民的生活水平，真正服务于广大人民群众。2020 年10 月 26 日，在北京召开的中国共产党第十九届五中全会，提出了国民经济与社会发展的"十四五"规划，"新发展理念"和"以人民为中心"的思想，被纳入到该规划需要遵循的原则中。这显示出新发展理念同为人民服务的宗旨是紧密关联的，并成为中国未来经济与社会发展的重要内容。新发展理念，是以促进中国人民共同富裕为目标，因而该

---

❶ "'平语'近人——习近平如何向人大代表诠释五大发展理念"，新华网，2016 年 3 月 2 日，http://www.xinhuanet.com//politics/2016-03/02/c_128766082_2.htm.

理念体现出高度的人民性，即为广大人民群众的福祉考虑。习近平总书记强调，只有坚持以人民为中心的发展思想，坚持发展为了人民、发展依靠人民、发展成果由人民共享，才会有正确的发展观、现代化观。实现共同富裕不仅是经济问题，而且是关系党的执政基础的重大政治问题。❶ 这凸显了习近平总书记对人民群众的关心，习近平总书记不仅希望运用新发展理念，为社会创造更多的劳动成果，使广大人民群众能够共同享有，还将其看作对执政能力的考验。基于此，新发展理念中所体现的共享发展，一方面是要通过新的发展方式，来实现共同分配、共同享有、共同富裕的目标，另一方面要为广大人民群众谋利益，真正让老百姓过上幸福、美好的生活。因此，新发展理念，在现实中具有人民性的特征。

5. 包容性

开放发展，是新发展理念的重要内容之一。开放，在人、财、物的对接和建设经验等方面，不但要向国内其他地区开放，而且要向世界其他地区开放，通过引进外资和先进技术及管理经验，促进国内不同地区的快速发展。无论国内还是国外，在地域上都存在文化习俗、发展方式、社会评价、管理水平等的不同，导致相互间的认知出现差异。习近平总书记指出，中国将在更大范围、更宽领域、更深层次上提高开放型经济水平。开放发展理念，核心是解决发展内外联动问题，目标是提高对外开放质量、发展更高层次的开放型经济，❷ 这凸显出习近平总书记对开放发展的高度重视，不仅要持续推进开放，还要提高开放的层次和水平，以积极推进中国的现代化建设进程，也为国际社会贡献中国的力量，促进世界经济的发展。然而，不同地区的差异性依然存在，而

---

❶ 《完整准确全面贯彻新发展理念——论学习贯彻习近平总书记在省部级专题研讨班上重要讲话》，载《人民日报》2021年1月14日，第1版。

❷ 《坚持开放发展——"五大发展理念"解读之四》，载《人民日报》2015年12月23日，第7版。

新发展理念，注重发展，将差异性的东西保留了下来，最大限度地加强了不同地区行为体之间的有效合作，继而产生了良好的社会效益。这对于区域内不同行为体自身价值的实现，发挥着积极的作用。中国以博大的胸怀，在求同存异的基础上，吸纳和接受不同地区和国家之间的文化与合作方式，互利互惠，合作共赢，达到了预期的良好效果。这充分反映出新发展理念，无论对于国内的发展，还是世界上其他国际的发展，都具有强大的包容性。

二、新发展理念对雄安新区建设的作用

由于新发展理念运用新的发展思维，对区域经济和社会发展起到了良好的指导作用，因而对于包括雄安新区在内的区域建设和城市规划等多个方面，也能够起到重要的推动作用，并在一定程度上加速了许多项目的建设进度。

（一）新发展理念的现实意义

新发展理念，区别于传统的发展理念就在于"新"。传统的发展理念，过多地追求速度和规模，例如，发展的速度越快越好、生产或建设的规模越大越好。虽然这样的发展理念，在一定程度上能够带来极大的经济效益，产生更多的社会产品，也能够很快地提高人民的生活水平，但高速的发展和大规模的建设，容易导致经济滞胀，从而给经济带来危机。这种现象已经在西方多个国家出现过，最终产生经济衰退的不良后果。相比较而言，新发展理念，突破了传统的发展思维，不但在发展速度上避免过急，力求稳中有进，保持中高速发展，而且在发展质量上并不追求规模化，更多的是在强调高质量的发展。习近平总书记指出，高质量发展，是能够很好满足人民日益增长的美好生活需要的发展，是体现新发展理念的发展，是创新成为第一动力、协调成为内生特点、绿色

成为普遍形态、开放成为必由之路、共享成为根本目的的发展，❶ 这反映出高质量发展，无论对于人们实现美好生活，还是融合新发展理念，都能够起到关键的作用。尤其新发展理念强调的是不同部门、行业之间跨区域的协调发展，把各要素集中起来加强配合，最终形成合力，倡导绿色和可持续的长期发展，将发展成果为广大人民群众所共享，并能够经受住检验。

从现实情况来看，中国目前处于全球第二大经济体的位置，经济总量（GDP）2020 年首次突破 100 万亿元，达到了 1015986 亿元，❷ 凸显了中国经济保持着较快的增长速度，经济水平得以明显提高。这不仅显示中央制定的良好经济政策，也体现出新发展理念给中国经济与社会发展带来的益处。创新发展，一方面，加快了科技的研发和应用速度，使中国科技产业的总量得到明显提升。另一方面，不同地区各部门之间的协调配合，团结一致，形成了强有力的合作力量，推动了国内各项事业的快速发展。尤其是，中国以开放的姿态和包容的胸怀，向世界贡献着中国智慧和中国力量，也将国外先进的科学技术和现代化的管理经验引入国内，极大地促进了社会生产力的提高。这对于中国加快供给侧改革，增加社会总产品，满足人民群众的物质文化需求，具有积极的促进作用。这些充分反映出，新发展理念对于中国不同地区经济、文化、城市建设、环境保护等各项事业的发展，都产生了积极的作用。中国共产党第十九届五中全会通过的《中共中央关于制定国民经济和社会发展第十四个五年规划和二〇三五年远景目标的建议》强调，把新发展理念贯穿发展全过程和各领域，❸ 反映出党中央对新发展理念的高度重

---

❶ 《新时代中国特色社会主义经济建设的行动指南》（深入学习贯彻习近平新时代中国特色社会主义思想），载《人民日报》2019 年 7 月 22 日，第 17 版。

❷ "中国经济总量首超 100 万亿元"，新华网，2021 年 1 月 19 日，http://www.xinhuanet.com/2021-01/19/c_1126997294.htm.

❸ "'十四五'时期如何深入贯彻落实新发展理念"，光明网，2021 年 1 月 12 日，https://theory.gmw.cn/2021-01/12/content_34537214.htm.

视，要将其融入到社会生活的各项工作中。这对于包括雄安新区在内的城市群发展而言，有了先进理念的指导，将会为其未来的快速健康发展，带来更多的机遇和效果。

（二）新发展理念对雄安新区建设发挥的作用

作为一项巨大工程，雄安新区不仅有城市规划和建设，还有城市及周边所在的区域经济发展，以及生态环境保护等可持续发展，这些都需要科学合理的发展理念来进行指导，才能保持长期健康的发展状态。从长远来看，要将雄安新区建成一座宜居的现代城市，集智慧、人文、生态为一体的新型超级城市。首先需要创新，毕竟创新也是新发展理念的第一要务。习近平总书记在全国两会期间参加代表团审议时强调，创新是第一动力，强起来靠创新，创新靠人才，❶ 这显示出创新能够为发展提供动力，使发展保持持续的力量。雄安新区立足河北，邻近北京和天津，被定位为千年大计，凸显了其在未来的建设中占据极其重要的地位，因而雄安新区的建设不是一蹴而就的，而是需要长期且花大力气建设的项目。这就需要打破过去发展的思维，用新的理念和创新思维来推动城市建设。一方面，通过吸纳高层次人才来为雄安新区的跨越式发展献计献策，贡献才干和力量，另一方面，要加强新区内建设项目的科技创新，提高社会公共产品的科技含量，尤其要加强自主创新，力争达到拥有多个自身的知识产权和发明创造。这样能够加大创新力度，使雄安新区的智慧城市建设得以顺利开展，并达到良好的效果。

从实际情况来看，雄安新区的建设是一个系统复杂的大项目，单单几个部门是不可能完成的，而是需要多方的协调，将力量聚集在一起，产生强大而又持久的合力，才能够推进新区的建设速度。雄安新区从规划设计，到城市建设，其中包含了市政、财务、环保、宣传、建设等多

---

❶ "习近平：发展是第一要务，人才是第一资源，创新是第一动力"，新华网，2018 年 3 月 7 日，http://www.xinhuanet.com/politics/2018-03/07/c_1122502719.htm.

个部门，各部门要加强相互间的协调，在工作中彼此配合，不仅能够提高工作效率，还有助于加快新区的建设进程。一方面，要加强京津冀三地在项目建设上的配合，另一方面，要在人、才、物的供给方面要相互提供支持，从而使工程项目能够顺利开展，不间断。客观上讲，一个规划设计合理的现代宜居城市，讲究生态效应，包括茂密的植被、清澈的水系、干净的空气、整洁的街道，以及低碳生活等，这些都需要走绿色发展的道路。雄安新区建设的目标是成为未来城市生活的"样板"，处处要体现出绿色生态的发展方式，不但要在城市建设中融入绿色发展的思维，倡导低碳环保的理念，而且要在雄县、容城、安新县及其周边地区加强环境保护，包括白洋淀水系建设、城市污水处理、大气污染防治、土壤植被保护、垃圾回收处理等多方面的环保措施，使雄安新区的生态环境变得越来越好，打造碧水蓝天、干净整洁的美丽城市。因此，雄安新区未来要产生良好的生态效应，需要贯彻新发展理念，毫不动摇地坚持自然、人与社会的统一与和谐发展，构建可持续的生态环保体系。

中国实行对外开放政策，不仅增加了社会总供给量，极大地提高了人民群众的生活水平，而且加快了中国融入世界体系的步伐，使中国的国际地位日益上升。多次实践证明，中国的改革开放政策，是成功的国家政策，将先进的现代化发展方式和科学的管理经验引入国内，促进了中国经济和社会的全面发展。习近平总书记在庆祝改革开放40周年大会上指出，改革开放是中国人民和中华民族发展史上一次伟大革命，正是这个伟大革命推动了中国特色社会主义事业的伟大飞跃。❶ 这表明改革开放使中国社会发生了巨大变化，实现了中国社会主义事业的第二次飞跃。现今，新发展理念强调不但要开放，而且要深入地扩大开放，对

---

❶ 《庆祝改革开放40周年大会在京隆重举行　习近平发表重要讲话》，载《人民日报》2018年12月19日，第1版。

于雄安新区要建成世界一流的国家级新区和超级城市群来说，更需要制定开放的政策，在建设中加大开放的力度。只有实现开放，雄安新区才能引进建设所需要的技术、资金和管理经验，才能吸纳国际化的高水平人才，为新区未来的发展服务。从目前情况来看，虽然雄安新区得到了国家的大力支持，并且实现了与京津冀以及其他一些省市的对接，但还需更多国际化的投入。这就要求雄安新区未来要以更加开放的姿态，与国际社会对接。

此外，雄安新区是一个超级大城市群，一方面可以为人民群众提供宜居地，造福于城市中及城市周边地区的百姓；另一方面可以加快城市的商业发展，振兴区域经济，提高新区的整体经济水平。雄安新区持续化的发展成果，不仅满足了当地人的需要，还助力于北京、天津与河北的经济和社会发展，使三地共同享有建设红利。习近平总书记强调，"建设雄安新区，必须遵循共享发展理念，它为人们提供了'共同享有人生出彩的机会，共同享有梦想成真的机会'"。❶ 这体现出未来的雄安新区，不仅能让人们能够共享建设的成果，还将为广大人们群众带来发展的机遇，也会给所在的区域带来腾飞的机会。同时，雄安新区也可以为周边省份及华北经济板块的升级，起到"加速器"的作用。随着雄安新区的逐步建成和开发力度的不断加大，将促进世界上与其合作的其他国家和地区的发展，不仅能够实现与其他国家的资源和经验共享，也为国际社会的发展不断贡献力量。毕竟，雄安新区未来的建设目标，是达到与深圳经济特区、上海浦东新区相似的标准，而这些地区现在已经高度发达，不仅促进了地方经济的发展，成为国内区域经济重要的增长点，也为世界上其他国家和地区的贸易、投资和物流等业务的合作与对接，不断贡献着力量。

---

❶ "雄安新区应成为共享发展实验区"，光明网，2017 年 5 月 24 日，https://theory.gmw.cn/2017-05/24/content_24585329.htm.

　　从以上可以看出，新发展理念蕴含着积极的发展思维，包括科学的创新意识、合理的发展方式、相互间的协调配合、长期的可持续以及全面的开放共享等，和以前的发展模式不同，新发展理念具有现代特色的发展思路。这对于雄安新区建设具有重要的指导价值，因为雄安新区是一座具有远景目标规划的新城，尽管定位的标准高，但近年来新区的建设才刚刚起步，需要将全新的发展理念作为建设的指导思想，以促进其长期、健康、快速的发展。因此，新发展理念，对于雄安新区的建设，发挥着重要的指导作用。

第四章　雄安新区的建设现状

　　雄安新区，作为一项国家级的巨大工程，虽然近几年的发展刚刚起步，但在以习近平同志为核心的党中央的热情关心下，给予了其政策支持、人才分配、资金供给、设施配套等多方面的投入，促使雄安新区得以循序渐进的稳步发展。尽管目前尚处于发展初期，但雄安新区已经取得了一些良好的建设成效。具体体现在以下六个方面：

一、政策落实逐步到位

　　从客观角度来看，良好的政策对雄安新区的规划和发展，至关重要。这不仅能够为雄安新区的建设进程提供保障，还为新区未来的发展指明了方向。雄安新区的建设涉及的面较广，涵盖了经济、文化、生态和社会治理等多个方面。早在 2015 年 6 月，中共中央印发了《京津冀协调发展规划纲要》，提出要在北京之外建设一座新城，这是为建设雄安新区提出的早期构想。2016 年 5 月 27 日，中共中央审议通过了《关于规划建设北京城市副中心和研究设立河北雄安新区的有关情况的汇报》，将 "雄安新区" 写入该报告中。2017 年 4 月 1 日，中共中央同意设立河北雄安新区，并于 2018 年 4 月 21 日，批准和公布了《河北雄安新区规划纲要》，将雄安新区城市规划与建设纳入正轨。这不仅是习近平总书记经过多次谋划和实地考察后，做出的正确决定，也是中共中央领导集体通过的决议，表明雄安新区的设立得到了中央高层的肯定和重视，是众望所归的重大建设事项。2018 年 12 月 25 日，国务院原则同意《河北雄安新区总体规划（2018—2035 年）》，并于 2019 年 1 月 2 日正式对外发布。这对于高起点规划高标准建设雄安新区、创造"雄安质量"、建设"廉洁雄安"、打造推动高质量发展的全国样板、建设现代化经济体系的新引擎具有重要意义，❶ 该规划为未来 15 年规划和建设雄安新区提供了标准，确定了发展方向，不仅有城市建设上的要求，也有经济发展方面的需要。这些政策的不断出台和逐步落实，为雄安新区长期的规划和建设，以及各项事业的顺利开展，提供了重要保障。

二、管理机构合理设置

管理，意味着不仅要管得住人、财、物，也要能够理得清债、权、责。从实际情况来看，有效的管理，不仅能够提高工作效率，还能够促进各项事业的有序进行，减少工作中的失误。雄安新区自筹办之日起，就成立了一些管理机构，对于新区规划和建设工作的推进，发挥了重要的作用。2017 年 6 月 21 日，在党中央和国务院的大力支持下，河北雄安新区管理委员会成立了。该机构是河北省人民政府的派出机构，同之前成立的中共河北雄安新区工作委员会在一起办公，其工作职责是领导、组织、协调雄安新区规划和城市建设方面的管理工作。河北雄安新区党工委书记、管委会主任前任是陈刚同志，现任是张国华同志，二者对雄安新区的建设做了很多细致的工作。管理委员会下设一些办事机构，主要是党群和行政机关，包括党政办公室、党群工作部、改革发展

---

❶ "国务院关于河北雄安新区总体规划（2018—2035 年）的批复，"中国雄安官网，2019 年 1 月 2 日，http://www.xiongan.gov.cn/2019-01/02/c_1210028787.htm.

局、规划建设局、公共服务局、综合执法局、安全监督局、公安局和生态环境局。这些部门在日常工作中各司其职，相互配合，对于雄安新区项目开发、市政建设、社会治理和安全保障等方面，发挥了积极的作用。此外，新区还设立了纪检监察机关和司法机关，包括中共河北雄安新区纪律检查工作委员会、河北雄安新区监察组、河北雄安新区中级人民法院、河北省人民检察院雄安新区分院，以及国家税务总局河北雄安新区税务局和财政部河北监管局雄安新区财政监管处等国家部委派驻机构，在一定程度上维护了雄安新区的社会稳定，促进了各项事业的顺利开展。雄安新区作为新开创的国家级示范新区，客观上需要管理机构的设立。合理配置这些机构，为雄安新区卓有成效的工作做出了很大贡献。

三、规划建设有序推进

近年来，雄安新区在中央决策的正确部署下，在习近平总书记的深切关怀和指挥下，雄安新区的规划建设得以顺利开展，各项工作有序推进。雄安新区如何规划，城市如何建设，是事关雄安新区发展全局的两个根本问题。《河北雄安新区规划纲要》和《河北雄安新区总体规划（2018—2035 年）》相继出台，以及 2019 年 6 月《河北雄安新区启动区控制性详细规划》（以下简称《启动区控详规》）和《河北雄安新区起步区控制性规划》（以下简称《起步区控规》）的公示，为雄安新区的未来发展设定了目标，也明确地回答了雄安新区今后如何规划、怎样建设的关键性问题。2019 年，雄安新区已有京雄城际、京雄高速等 67 个重点项目开工建设，《起步区控规》和《启动区控详规》获中央批准实施，出台金融、开放、投资审批等 11 项配套政策，❶ 这说明雄安

---

❶ "河北雄安新区已有 67 个重点项目开工建设"，新华网，2020 年 1 月 7 日，http://www.xinhuanet.com/local/2020-01/07/c_1125430957.htm.

新区一些重大工程项目已陆续进行，并有一些政策配套，使相关建设不断推进。2020年，雄安新区建设速度明显加快，是大规模建设的一年。雄东、昝岗、容东、启动区等地得到较快发展。2020年10月雄安新区整体在建区域的辐射面积相比2019年10月增加了89.52%，[❶] 这表明雄安新区的城市建设正在加快推进，其建设规模较之前呈现大幅度提升趋势。此外，一些学校、医疗机构、金融公司、科研单位也陆续进驻新区，加快了人文城市和智慧城市的发展，使雄安新区的涉及面日益加大。

四、交通网络科学布局

交通是雄安新区规划建设的重要环节之一，也是加快推进京津冀一体化和互联互通的关键措施。雄安新区近年来在加快交通基础设施建设、构建与周边地区的交通网络方面，不仅制定了相关政策，还下了大功夫建设。2019年8月18日，北京至雄安的高速公路河北段建设正式启动。2020年12月27日，京雄城际铁路正式开通，雄安站已投入运营。从雄安新区到大兴机场约需要30分钟，到北京西站约需要50分钟。根据规划，京港台高铁、雄石城际、津雄城际等5条线路将在此汇集，[❷] 使北京和雄安之间的交通更加便利，路途花费的时间也大幅缩短。此外，四条高速公路、三条国省道也正在建设中。雄安新区"四纵两横"区域轨道交通网和"四纵三横"区域高速公路网正在加快实施中，[❸] 这说明雄安新区正在积极构建多个方向的交通网络，包括公路、铁路、高铁站、市内地铁和公交线路等，不仅能为"雄安

---

❶ "雄安新区2020年大数据报告发布：未来之城新面貌愈发清晰"，河北新闻网，2021年2月2日，http://hebei.hebnews.cn/2021-02/02/content_8351825.htm.

❷ 《开路先锋为雄安建设提速（推动京津冀协同发展）》，载《人民日报》2020年12月26日，第2版.

❸ "雄安新区成为我国首批交通强国建设试点地区"，中国雄安官网，2019年12月9日，http://www.xiongan.gov.cn/2019-12/09/c_1210388713.htm.

速度"增加运输途径，也能够起到便民服务的作用。雄安新区正在积极建立智能化的交通系统、打造新型公交管理模式、提升现代化的物流配送水平，使其成为"交通强国建设"的试点地区，为雄安新区未来的超级新城提供了交通运输保障。

五、生态环保不断加强

雄安新区在初建伊始，就十分重视环境保护工作，大力实施生态工程建设。其中包括植树造林、白洋淀水系维护、城市污水处理、大气污染治理和土壤植被保护等多项措施。2017 年，雄安新区正式启动"千年秀林"工程，到 2019 年底，已累计完成造林 31 万亩，植树 1400 万棵。未来，雄安新区森林覆盖率将由现在的 11% 提高到 40%，❶ 这说明雄安新区的绿化力度在不断加大，未来将建成一座绿树成荫的绿色生态城。此外，雄安新区还大力整治环境卫生，修复白洋淀及其周边水系。2019 年，雄安新区整治了 78 个淀中、淀边村的环境卫生。引黄入冀补淀工程首次向白洋淀补水，截至 2019 年 12 月中旬，水面恢复到 270 余平方公里，有效改善了白洋淀生态环境，❷ 这些措施不仅创造了良好的卫生环境，而且保护了白洋淀水系，将碧水蓝天的美好环境呈现在大众面前，为雄安新区的可持续发展打下了良好的基础。雄安新区在积极促进绿色发展和环境保护的同时，还积极加强大气污染防治工作，以净化新区空气。2019 年，雄安新区出台了《河北雄安新区 2019 年大气污染综合治理工作方案》，将大气污染治理纳入新区的建设工作中。

中共河北省委书记王东峰强调，要深入推进大气污染防治，积极调整产业结构、交通结构、能源结构，大力整治"散、乱、污"企业，

---

❶ "河北雄安新区：千年秀林春日好"，中国雄安官网，2020 年 2 月 4 日，http://www.xiongan. gov. cn/2020-04/02/c_1210540926. htm.

❷ 《建设的脉动有力有序——雄安画卷 徐徐铺展》，载《人民日报》2020 年 1 月 17 日，第 4 版。

严禁高耗能、高污染项目进入雄安新区及周边地区，❶ 这体现出河北省委主要领导同志对雄安新区大气污染防治工作的高度重视，不仅要调整生产和生活方面的结构布局，还要对污染源进行专项治理，同时限制高污染的企业和建设项目进入新区。这为雄安新区下一阶段的污染治理，提供了重要的政治保障。为此，雄安新区通过加快涉气企业改造升级，清除空气中挥发性物质，摸排"散、乱、污"企业，开展治污处理宣传工作，特别是加强了扬尘污染综合整治工作，使雄安新区大气质量显著提高。2020 年，新区空气质量综合指数为 5.73，同比下降 8.90%；PM2.5 浓度 52 微克/立方米，同比下降 7.14%，完成了省定 53 微克/立方米的目标任务；优良天数平均每年为 226 天，同比增加 29 天，超额完成省定 198 天的目标任务，❷ 这凸显雄安新区大气污染综合治理有了较大改善，空气质量已经有了明显提高。这一方面体现出习近平总书记对雄安新区生态建设的指导精神不断得到落实，另一方面彰显出中共河北雄安新区工作委员会和河北雄安新区管理委员会对绿色发展的重视，因此，要加大空气污染防治力度，使新区的空气质量越来越好，空气更加清新怡人。

六、人才队伍日益壮大

人才队伍建设，尤其是高层次的人才招聘和任用，对于雄安新区高质量的发展，将起到至关重要的作用。从现实情况来看，雄安新区在建设过程中，需要大量的技能型和高素质的优秀人才，为新区未来的发展添砖加瓦。习近平总书记强调，组织国内一流规划人才进行城市设计，

---

❶ "王东峰：扎实做好雄安新区周边科学管控工作 有效提升雄安新区周边地区协同发展质量和水平"，人民网，2019 年 4 月 13 日，http://cpc.people.cn/n1/2019/0413/c64102-31028143.html.

❷ "2020 年雄安新区优良天数同比增加 29 天"，新华网，2021 年 2 月 2 日，http://www.xiongan.gov.cn/2021-02/02/c_1211007772.htm.

规划好再开工建设，决不留历史遗憾。❶ 这体现高层次的一流人才，对于雄安新区的城市规划和建设，尤其是高质量的发展，能够起到重要的作用。虽然雄安新区的市政工程在建不久，许多工作还处于起始阶段，但雄安新区对各类人才的引进已在着手进行。2017 年 12 月 4 日，国家外国专家局与河北省人民政府签署了《引进外国人才智力支持雄安新区建设和冬奥会举办合作框架协议》，雄安新区将引进高层次的国际一流专家和优秀人才，并搭建引智平台，组建高水平的人才队伍，为雄安新区的建设提供服务。近年来，雄安新区通过制定吸引人才的政策，来加大对高端人才的引进力度。2020 年 9 月 29 日，雄安新区发布了《2020 年雄安新区急需紧缺人才目录》，共有 191 家用人单位、1131 个工作岗位、7565 条急需紧缺人才信息公布，❷ 这体现出雄安新区对人才的需求量在不断增大，一方面是由于雄安新区的建设进程在逐渐加快，另一方面是因为雄安新区是一项巨大的工程，且是一个崭新的事业，需要的人才比较多。因此，无论用人单位，还是招聘的岗位，需求量都很大，以满足雄安新区的建设需要。

随着不同行业人员的加入，雄安新区的人才队伍日益壮大。这些人才主要集中于高科技领域和管理服务领域，包括建筑设计类、电子计算机类、经济贸易类、教育培训类、医药卫生类、公共管理类等，在新区的发展过程中发挥了积极的作用。雄安新区在实际工作中，一方面通过制定优惠政策来吸引人才，另一方面对入职的员工进行职业和技能培训，以提高人才队伍的整体素质。在优惠政策的制定方面，通过提供良好的薪酬、住房和社会保障，甚至对海内外高水平人才以"一人一策、一事一议"的方式来引进，并为他们提供广阔的发展空间，使他们为

---

❶ "这篇纪实，饱含着习近平总书记的'雄安情怀'"，人民网，2018 年 4 月 27 日，ht-tp://politics.people.com.cn/n1/2018/0427/c1001-29955446.html.

❷ "雄安新区：1131 个工作岗位 '职'等你来"，新华网，2020 年 9 月 30 日，http://www.he.xinhuanet.com/xinwen/2020-09/30/c_1126561314.htm.

雄安新区的快速发展献计献策，发挥其自身的重要价值。此外，雄安新区还通过联合培训对员工进行岗前培训和技能训练。与 2017 年新区主要以入门级职业培训为主相比，2018 年新区相关部门通过开办系列"精品班""提升班"等形式在初级培训的基础上实施高端培训，继续提高培训质量，❶ 这反映出雄安新区通过采用多种方式，来提高员工的业务水平。2019 年 9 月 16 日，北京市人社局和雄安新区公共服务局在容城县共同开设了智能楼宇管理员培训班，通过人才培训来提高员工的职业技能水平。因此，雄安新区通过多种举措，不断加大人才引进力度，使人才队伍越来越壮大，为新区未来的跨越式发展，贡献更多的智慧和力量。

---

❶ "雄安新区多措并举开展就业创业培训"，中国雄安官网，2018 年 4 月 18 日，http://www.xiongan.gov.cn/2018-04/18/c_129853207.htm.

第五章　雄安新区建设面临的机遇与挑战

雄安新区，作为具有广泛社会影响的国家级新区，由于其在一开始设立时，就承担着重要的历史使命，所以受到党中央、国务院以及河北省等高度重视，为新区的未来发展迎来了千载难逢的机遇。然而，由于雄安新区是一个巨大的工程，涉及的要素比较多，且建设时期较长，所以也面临着来自人、财、物等不同方面的挑战。因此，在机遇与挑战并存的情况下，雄安新区未来能否保持又好又快的发展，不仅需要国家政策的支持和新发展理念的指导，以及以习近平总书记为核心的党中央的关心，还需要河北省自身的努力，并在北京和天津的协同配合下，采取良好的措施，抓住机遇，迎难而上，共同促进雄安新区的跨越式发展。

一、面临的机遇

雄安新区的目标是建成现代化的超级城市群，因而在规划和建设过程中，面临的一些发展机遇，主要体现在以下六个方面：

(一)"十四五"规划的支持

2020年10月29日，中国共产党第十九届五中全会在北京召开，会议审议通过了《中共中央关于制定国民经济和社会发展第十四个五年规划和二〇三五年远景目标的建议》，对未来五年中国经济和社会发展提前做出的规划，是改革开放进程中起到承前启后作用的一次重要战略布局。"十四五"规划的意义重大，影响深远，关系到两个"一百年"的奋斗目标。从"十四五"规划的原则来看，要坚持系统观念，实现发展质量、结构、规模、速度、效益、安全相统一，❶ 这无论对于区域经济发展，还是国家级新区建设，都起到了良好的指导作用。雄安新区处于环首都经济圈内，是国家重点建设的新区，需要高质量的发展，在经济结构方面要具备复合型。同时，雄安新区在建设的规模和速度以及产生的社会效益等方面，不但要合理，而且要平稳，避免因过急过快而导致经济发展产生混乱和不均衡的现象，因而必须考虑到几个方面的协调发展，以促进新区整体的安全稳定。从现实情况来看，"十四五"规划制定的原则，对于雄安新区的未来发展，在发展方式上提供了重要的思想指导和安全保障，使新区各项事业能够有条不紊的进行。

习近平总书记指出，"十四五"时期是我国在全面建成小康社会、实现第一个百年奋斗目标之后，乘势而上开启全面建设社会主义现代化国家新征程、向第二个百年奋斗目标进军的第一个五年。❷ 这表明"十四五"规划对于改革开放的深入推进，以及社会主义现代化建设的快速发展，能够起到积极的促进作用。这也反映出"十四五"规划时期是当前和今后中国经济和社会发展的重要阶段，包括其蕴含的发展理念、遵循的建设原则和科学的战略布局，都能够起到显著的引领和规划作用。从实际情况来看，"十四五"规划的目标之一，是要推动区域协调发展，要高标准、高质量建设雄安新区，❸ 反映出"十四五"规划已将包括京津冀一体化在内的区域经济协调发展，作为重要的任务去推

---

❶ 《中共中央关于制定国民经济和社会发展第十四个五年规划和二〇三五年远景目标的建议》，载《人民日报》2020 年 11 月 4 日，第 1 版。

❷ 《习近平：关于〈中共中央关于制定国民经济和社会发展第十四个五年规划和二〇三五年远景目标的建议〉的说明》，载《人民日报》2020 年 11 月 4 日，第 2 版。

❸ 《中共中央关于制定国民经济和社会发展第十四个五年规划和二〇三五年远景目标的建议》，载《人民日报》2020 年 11 月 4 日，第 1 版。

动，明确提出了要重点建设雄安新区，并确定了建设的标准。这为雄安新区未来的发展提供了政策上的支持，体现出党中央和国务院对全面建设雄安新区的高度重视。由此可以看出，处于承上启下的"十四五"规划，将雄安新区纳入其发展的布局中，为雄安新区未来的跨越式发展提供了良好的机遇，将使雄安新区得到国家层面上的扶持，以及资源上的配给，并提供多方面的合作平台，以助力雄安新区不断实现一个又一个阶段性的建设目标。

(二) 新发展理念的指导

以习近平同志为核心的中共中央，提出了新发展理念，以新的发展方式，全面推动中国经济与社会的健康快速发展。这种发展方式将打破传统的发展模式，一方面要在原有的基础上进行改革和突破，另一方面要进行理念和建设上的创新。从"破"到"立"，从继承到创新，不仅是生产方式和消费方式的转变，也是思想理念和发展模式的拓展和变化。从社会进步的角度来看，新发展理念的提出，无论对于区域经济的发展，还是像雄安新区这样的现代城市群的建设，都能够产生良好的指导作用，进而产生积极的自然和社会效应。新发展理念注重高质量和适度规模的发展，这对于雄安新区的建设来说，不仅是一种思想引领，更是一种现实的责任要求。毕竟，雄安新区是一项影响深远的巨大工程，其质量、规模、效益和生态环境都将受到全社会的高度重视。习近平总书记强调，完整、准确、全面贯彻新发展理念，既要以新发展理念指导引领全面深化改革，又要通过深化改革为完整、准确、全面贯彻新发展理念提供体制机制保障。❶ 这体现出新发展理念与改革发展是相辅相成，互相促进的关系，因为新发展理念能够对改革发展起到指导作用，而改革发展的目标和成果又能够对新发展理念起到检验作用，进而提供

---

❶ "习近平：完整准确全面贯彻新发展理念" 确保"十四五"时期我国发展开好局起好步，新华网，2021 年 1 月 30 日，http://www.xinhuanet.com//mrdx/2021-01/30/c_139708488.htm.

制度上的保障。

雄安新区在一开始建设时，就需要引入新发展理念中的创新思想。这不仅是雄安新区要建设智慧城市的需要，也是新区国际化发展的需求，毕竟创新不仅要体现智能化与科技化，也要同国际一流的建设标准相对接，而这些都需要通过创新的理念来实现预期的发展目标。从实际情况来看，雄安新区的城市规划与建设，包括人文城市、生态城市、智慧城市等，都需要多个地区和部门之间的协调配合，发扬齐心协力干事业的奋斗精神，使新区在项目规划、市政建设、环境治理等方面，能够取得一次又一次的成就。这体现在新发展理念中的"协调"方面，能够对雄安新区未来的发展起到"合力"的指导作用，为新区带来更多的发展机遇。此外，绿色发展，不仅能够在生态环境治理方面为雄安新区发挥很重要的借鉴价值，还能够为新区长期的可持续发展发挥积极的示范作用。这是因为雄安新区的发展，不能只是一味地追求高楼林立的城市建设，还需要有天蓝水清、干净整洁的生态环境，为广大居民创造心旷神怡的生活环境。这也是雄安新区未来建设的一个重要目标，即成为一个宜居城市。

尤其是，未来的雄安，将是一个面向国内外全面开放的大城市群，无论"引进来"，还是"走出去"，都会以开放的姿态融入国际社会。这体现在新发展理念中的开放发展上，对于雄安新区的未来建设具有重要的启示和指导意义。习近平总书记对发展的成果也做了精辟的论述，强调"必须坚持发展为了人民、发展依靠人民、发展成果由人民共享"，❶ 这表明了习近平总书记一心为人民群众谋利益，通过共享改革和发展成果，来实现广大人民群众的福祉。这对于雄安新区的建设而言，也是一个良好的启示。雄安新区未来的成果，不但能够被雄县、容

---

❶ "习近平眼中的'共享发展'"，新华网，2016 年 2 月 11 日，http://www.xinhuanet.com/video/sjxw/2016-02/11/c_128705906.htm.

城和安新三地的人民享有，还可以被北京、天津、河北的人民享有，以及国内外参与建设和发展的人共同享有。雄安新区应该遵循共享发展的理念，成为"共享发展实验区"，建设共享和谐生活幸福城区，❶ 这反映出雄安新区在新发展理念的指导下，能够让全民共享其建设成果，为社会主义现代化事业的发展贡献巨大力量。因此，以"创新、协调、绿色、开放、共享"为核心的新发展理念的提出，在运用到雄安新区建设过程中，会给新区的规划建设及城市的可持续发展，带来良好的机遇。

（三）国家政策的激励

近些年来，国家相继出台了一些政策，涉及制度建设、经济发展、文化教育、生态文明、法律法规等方面，对中国的经济和社会发展，起到了重要的推动作用。为加快区域经济的快速发展，中共中央和国务院高度重视经济带、城市群和都市圈建设，其中包括建设"长江经济带""川江经济带""皖江经济带""西江经济带""东北东部经济带"等，也包括建设深圳经济特区、上海浦东新区、河北雄安新区，以及环首都经济圈和环渤海经济圈等重要的区域经济发展地带。党的十八大明确提出，要促进区域协调发展，❷ 这为京津冀一体化的发展，以及由此设立的雄安新区建设，提前做了良好的政策支持。2015 年 10 月 26 日至 29 日，中国共产党第十八届五中全会在北京召开，会议通过了《中共中央关于制定国民经济和社会发展第十三个五年规划的建议》，明确提出资源环境可承载的区域协调发展新格局，❸ 这体现出构建区域合作的新

❶ 林坚："雄安新区应成为共享发展实验区"，光明网，2017 年 5 月 24 日，https://theory. gmw. cn/2017-05/24/content_24585329. htm.

❷ "胡锦涛在中国共产党第十八次全国代表大会上的报告"，人民网，2012 年 11 月 18 日，http://cpc. people. com. cn/n/2012/1118/c64094-19612151. html.

❸ "中共十八届五中全会在京举行"，人民网，2015 年 10 月 30 日，http://cpc. people. com. cn/n/2015/1030/c64094-27756155. html.

格局，已经得到了中共中央的高度认可，并在不断的谋划中。这将使北京、天津、河北三地之间的区域合作进度加快，京津冀一体化的新格局正在规划和布局中。从实际情况来看，雄安新区作为资源环境比较理想的平台，为京津冀一体化的融合发挥了重要的作用。

中国共产党第十九次代表大会于2017年10月18日在北京召开，习近平总书记在所做的报告中指出，以疏解北京非首都功能为"牛鼻子"推动京津冀协同发展，高起点规划、高标准建设雄安新区。● 这是党和国家最高领导人在十九大盛会上，对雄安新区未来发展的定位，突出高起点和高标准，进一步显示国家对建设雄安新区的高度重视，已将其纳入党的十九大的战略布局中。国务院也于2018年12月25日，对河北省人民政府和国家发展和改革委员会上报的《河北雄安新区总体规划（2018—2035年）》予以批复，原则同意实施该规划。这体现出最高国家行政机关对雄安新区远景规划和建设的大力支持。2020年10月26日至29日，中国共产党第十九届五中全会在北京举行，大会通过的《中共中央关于制定国民经济和社会发展第十四个五年规划和二〇三五年远景目标的建议》中提到，健全区域协调发展体制机制，完善新型城镇化战略，构建高质量发展的国土空间布局和支撑体系，● 使包括雄安新区在内的区域经济发展不断得到加强，明确强调要通过优化空间结构，进行高质量地发展超大规模的城市群。

从地理上来看，雄安新区位于河北省境内，在政策上自然也得到了中共河北省委和河北省人民政府的大力支持。2021年2月3日，雄安新区召开2021年建设发展工作会议，河北省委常委、雄安新区管委会张国华出席会议并讲话。这显示河北省主要领导对雄安新区建设的高度重

● "习近平：决胜全面建成小康社会 夺取新时代中国特色社会主义伟大胜利——在中国共产党第十九次全国代表大会上的报告"，新华网，2017年10月27日，http://www.xinhuanet.com//politics/19cpcnc/2017-10/27/c_1121867529.htm.

● 《中共十九届五中全会在京举行》，载《人民日报》2020年10月30日，第1版。

视，正在研究和探讨下一阶段的工作方案。会议强调，要从建设高水平、高质量的社会主义现代化未来城市的角度，在创新城市发展方式、完善城市治理体系、提高城市治理能力上下功夫，不断提升城市环境质量、人民生活质量和城市竞争力，❶ 这凸显了河北省对雄安新区的建设力度在不断加大，一方面要通过创新的方式来构建雄安新区的治理体系，另一方面要努力提高新区内广大人民群众的生活水平，使人民获得幸福感和满足感，并不断增强城市的现代核心竞争力，提升雄安新区的国际化形象。从以上可以看出，无论在党中央和国务院的国家最高层面，还是在国家发展改革委和河北省的省部级层面，雄安新区都得到了国家政策的大力支持。这为雄安新区未来的跨越式发展，提供了良好的机遇，使雄安新区在稳步推进中得以又好又快的发展。

（四）习近平总书记的关心

从实际情况来看，雄安新区建设能够取得快速进展，很重要一点是来自习近平总书记的支持。从新区的命名、选址、开论证会，再到开工建设，以及一些重要政策的出台和文件的下发，都有习近平总书记的仔细斟酌、亲自部署和认真过问，体现出总书记对雄安新区的热情和关心。从 2017 年开始，习近平总书记多次到雄安所在区域进行实地考察，对城市规划、建设用地、白洋淀生态环境保护等多个方面进行现场查看，邀请项目专家和专业人士共同进行研讨，及时提出解决方案，推动了新区各项工作的顺利开展。2017 年 2 月 23 日，习近平总书记从北京出发，亲自到安新县考察地貌，提出了"世界眼光、国际标准、中国特色、高点定位"的理念来建设雄安新区，❷ 明确了雄安新区的定位，不仅要有国际化的思维，还要以高标准、富有中国特色的思想去建设。

---

❶ "雄安新区召开 2021 年建设发展工作会议"，中国雄安官网，2021 年 2 月 6 日，http://www.xiongan.gov.cn/2021-02/06/c_1211014848.htm.

❷ "十八大以来，习近平这样谋划京津冀协同发展"，新华网，2017 年 4 月 14 日，http://www.xinhuanet.com//politics/2017-04/14/c_1120812515.htm.

2018 年 2 月 22 日，习近平总书记亲自主持中央政治局常委会，特别强调"要深化细化起步区规划内容，要把雄安新区每一寸土地规划得清清楚楚再开工建设，在现有规划框架基础上编制好控制性详细规划，编制好能源、交通、地下管网、垃圾污水处理等专项规划，同时要和北京非首都功能转移相衔接，必须牢记这个初心"。❶ 这显示总书记对雄安新区建设保持着一种非常细心的态度，不仅细化到每一个建设节点，而且对社会和环境治理提出了新的要求，尤其要注意同北京的衔接工作，充分发挥雄安新区非首都功能的作用，以缓解北京的城市压力。

　　2019 年以来，为加快雄安新区建设的进度，习近平总书记对雄安新区投入了更多的时间和精力，一方面为新区建设制定详细的政策，另一方面不辞劳苦亲自去建设现场，了解和察看新区的规划和建设状况，为新区每一个阶段的建设定标准、找问题、提要求、列清单、出方案，使雄安新区各项建设稳步向前推进。2019 年 1 月 2 日，《河北雄安新区总体规划（2018—2035 年）》由国务院向社会发布。这是在习近平总书记的热情关心和大力支持下，国务院对河北省人民政府和国家发改委呈报的关于河北雄安新区的规划和建设进行的批复，体现出以习近平同志为核心的中共中央和国务院对雄安新区远景建设目标的重视，在政策上给予了其全面支持。2020 年 10 月 26 日至 29 日召开的中国共产党第十九届五中全会，会议审议通过的《中共中央关于制定国民经济和社会发展第十四个五年规划和二〇三五年远景目标的建议》，强调要"坚持实施区域重大战略、区域协调发展战略"，❷ 对包括雄安新区在内的区域协调发展，具有重要的指导和促进作用。这充分显示以习近平同志

---

❶ "奋进新时代　建设雄安城——以习近平同志为核心的党中央谋划指导《河北雄安新区规划纲要》编制纪实"，新华网，2018 年 4 月 26 日，http://www.xinhuanet.com/2018-04/26/c_1122749338.htm.

❷ "中国共产党第十九届中央委员会第五次全体会议公报"，新华网，2020 年 10 月 29 日，http://www.xinhuanet.com/politics/2020-10/29/c_1126674147.htm.

为核心的党中央，通过制定良好的发展政策，来推动雄安新区的快速发展。

习近平总书记亲自到雄安新区实地调研，指导和激励新区的规划建设工作，进一步加快新区的建设进程。2019 年 1 月 16 日，习近平总书记来到河北雄安新区进行实地考察，现场勉励铁路建设施工人员，"你们正在为雄安新区建设这个'千年大计'做着开路先锋的工作，功不可没。希望你们注重安全生产，保质保量，按期完成建设任务，"❶ 总书记用关心的话语激励着雄安新区的建设者，激励他们为新区建设贡献力量。习近平总书记对雄安建设者的勉励，能够进一步激发他们工作的积极性，在一定程度上可以加快新区的建设进度，为早日完成预定的工期，打下良好的基础。由以上可以看出，无论在雄安新区的规划建设方面，还是政策落实方面，习近平总书记都亲力亲为，为新区的跨越式发展亲自部署，实地考察，献计献策，体现出习近平总书记对新区建设的大力支持。习近平总书记强调，建设雄安新区是千年大计，坚持高质量发展要求，努力创造新时代高质量发展的标杆，❷ 这体现出总书记对建设雄安新区的高度重视，并将其看作是其他新区发展的标杆，凸显总书记对雄安新区的未来发展寄予厚望。因此，作为党和国家的最高领导人，习近平总书记对雄安新区规划和建设的关心，新区一定会被建设为世界一流的现代化国家级新区和超级城市群，为广大人民群众带来福祉。

（五）京津冀一体化的联动

雄安新区在地理上位于北京、天津和河北的交汇处，可以在交通、能源、商贸、文化等方面与三地展开对接，因而京津冀一体化的联动发

---

❶ "习近平新年首次考察：时隔两年再赴雄安"，人民网，2019 年 1 月 18 日，http://cpc. people. com. cn/xuexi/n1/2019/0118/c385474-30575223. html.

❷ "雄安新区：锚定高质量发展　奋力书写新时代答卷"，新华网，2019 年 9 月 10 日，ht-tp://www. xinhuanet. com//2019-09/10/c_1124984063. html.

展，对雄安新区未来保持又好又快的发展，能够起到重要的推进作用。随着京津冀建设世界级城市群进程的加快，北京的资源必须与天津、河北进行充分整合，以城市群的形态参与到国际经济分工合作中，● 这样能够为河北雄安新区的建设提供国内外的经济资源，以促进雄安新区的快速发展。毕竟，雄安新区尚处于建设伊始阶段，需要更多的金融、资本、能源、原材料等资源，为新区的开工建设添砖加瓦。从现实情况来看，北京、天津与河北，三地虽各有特色，但在发展水平上还存在差距，因而加强相互间的联动发展，不但能够形成优势互补，而且可以将发展资源，通过彼此间的合作达到共享的目的。从长远发展的角度来看，推动京津冀拓展区域发展新空间，对于治理京津严重的"大城市病"，缩小区域发展差距，缓解经济下行压力和建设世界级城市群都具有重要意义。● 京津冀联动式发展，一方面能够推动北京、天津与河北朝着平衡方向发展，另一方面可以对以北京为核心，天津和河北雄安新区为两翼的世界级城市群的发展，起到"加速器"的作用。

北京、天津和河北省三地具有不同的地域特点和发展状况，因而在地缘上能够形成一定的资源互补。从发展水平来看，北京和天津都是直辖市，而北京作为中国的首都，积累了大量的资金、技术、人力资本和文化资源，天津是沿海开放城市，对外开放程度较高，不仅是环渤海地区的经济核心，也是国际化的交通枢纽和海上贸易中转站。这两座超大规模的城市，经过多年的发展，现已成为具有重要影响力的现代化大都市。随着北京和天津超大规模建设程度的不断提高，尤其是新发展理念的指导和"十四五"规划进程的加快推进，两地将给周边省份和城市的发展带来重大机遇。《中共中央关于制定十四五规划和二〇三五年远

● 安树伟、闫程莉：《京津冀与世界级城市群的差距及发展策略》，载《河北学刊》2016 年第 6 期，第 148 页。

● 马燕坤：《京津冀拓展区域发展新空间研究》，载《区域经济评论》2020 年第 6 期，第 80 页。

景目标的建议》中明确强调，以改革创新为根本动力，以满足人民日益增长的美好生活需要为根本目的，统筹发展和安全，❶ 表明要以统筹发展，来促进人民生活水平的提高。北京和天津两市，对于带动包括河北省在内的周边区域发展，能够起到积极的推动作用。习近平总书记强调，北京、天津、河北人口加起来有 1 亿多，土地面积有 21.6 万平方公里，京津冀地缘相接、人缘相亲，地域一体、文化一脉，历史渊源深厚、交往半径相宜，完全能够相互融合、协同发展。❷ 体现出北京、天津、河北三地在历史、文化、习俗等方面有很多相同或相似之处，因而可以通过彼此间的融会贯通，来促进各自的快速健康发展。

河北省是北京和天津两市的相邻地区，因而存在良好的地缘联系。从地理位置来看，河北省大部分地区处于内陆，一部分地区濒临海域，主要集中在河北省的东部，有曹妃甸港和黄骅港等港口。如此造就了河北省既有农业和工业基础，也有海上贸易，能够为河北省乃至北京和天津提供生产和生活资源。近些年来，河北省在党的正确领导下，在国家政策的大力支持下，经济得以快速发展。但是，由于河北省在发展中遇到瓶颈，以及结构中存在的矛盾，所以河北省整体的经济发展水平与北京和天津相比，仍然有很大差距。相比于北京和天津的"过胖"而言，河北省出现了"较瘦"的现象。然而，河北省的物质资源相当丰富，可以为北京和天津两市的人民生活和城市发展，提供必要的社会资源，包括农业的、工业的、文化的产品以及地域空间。这是河北省的优势和特色所在，也是京津冀一体化发展的重要基础之一。国务院总理李克强同志在政府工作报告中强调，要促进区域协调发展和新型城镇化，❸ 这

---

❶ "中共中央关于制定十四五规划和二○三五年远景目标的建议"，人民网，2020 年 11 月 4 日，http://yuqing.people.com.cn/big5/n1/2020/1104/c209043-31918159.html.

❷ "一张蓝图一盘棋　习近平这样擘画京津冀协同发展"，光明网，2019 年 2 月 25 日，https://m.gmw.cn/2019-02/25/content_32555589.htm.

❸ "李克强：促进区域协调发展和新型城镇化"，新华网，2016 年 3 月 5 日，http://www.xinhuanet.com//politics/2016lh/2016-03/05/c_135157494.htm.

体现出加快区域经济协调发展，实现社会资源的相互补充，能够促进各自的高效快速发展。一方面，河北省可以将重要的生产和生活资源供应给北京和天津，另一方面，北京和天津也能够为河北省的发展，提供技术、资金、人才等社会资源。这将为雄安新区的发展带来更多资源，包括人力、物力和财力等方面。随着京津冀一体化的稳步推进，雄安新区将迎来更多的发展机遇，不断实现一个又一个阶段性的目标。

（六）开放程度的不断提高

从 20 世纪 70 年代后期，中国制定和实施改革开放政策至今，已经有 40 多年了。从实际情况来看，中国的改革开放政策，是成功的，不仅促进了中国经济和社会的快速发展，也极大地提升了人民的生活水平，使中国成为全球第二大经济体，有力地提升了中国在世界体系内的国际地位和影响力。习近平总书记在庆祝改革开放 40 周年大会上指出，改革开放是中国人民和中华民族发展史上一次伟大革命，正是这个伟大革命推动了中国特色社会主义事业的伟大飞跃。❶ 这体现出改革开放对中国社会的发展和进步产生深远的影响。一方面，改革开放促进了中国各项事业的发展，解决了人民群众的温饱问题，实现了小康社会的建设目标；另一方面，加快了社会主义现代化建设的进程。进入 21 世纪，随着中国融入国际社会步伐的加快，尤其是"多边主义"的倡导和推动，使中国对外开放程度不断提高，有力地促进了中国区域经济的进一步发展。从兴办经济特区、开放沿海港口城市、设立经济技术开发区，到扩大内陆沿边开放，我国开放由点到线、由线到面逐步展开，❷ 反映出中国正在实施全方位、多角度的对外开放。这对于包括雄安新区在内的现代化城市群的发展，无疑提供了良好的机遇。

---

❶ "习近平：在庆祝改革开放 40 周年大会上的讲话"，人民网，2018 年 12 月 18 日，http://politics. people. com. cn/n1/2018/1218/c1001-30473936. html.

❷ 《中国对外开放四十年的回顾与思考》，载《人民日报》2019 年 1 月 18 日，第 10 版。

从客观角度来看，对外开放能够为国内引进先进技术、资金和卓越的管理经验，为经济建设和社会发展提供服务。这将在很大程度上提高了劳动生产率，创造出更多的社会公共产品，从而加快生产和建设的步伐。2018 年 4 月 10 日，习近平总书记在博鳌亚洲论坛上指出，"当今世界，开放融通的潮流滚滚向前，人类社会发展的历史告诉我们，开放带来进步，封闭必然落后"。并强调"我要明确告诉大家，中国开放的大门不会关闭，只会越开越大"，❶ 这显示对外开放已经是包括中国在内的世界各国发展的大趋势，中国已经下定了决心，进一步扩大对外开放，主动融入国际社会，在当今世界体系中继续发挥中国的积极作用。因此，国家在制定政策时，应充分考虑对外开放在现代化建设中的作用，持续加大对外开放的力度，不仅有利于京津冀一体化建设的推进，更有利于雄安新区等现代城市群的发展。这是因为雄安新区建设的定位是高质量和国际化，目标是建成国际一流的现代化超级城市群，因而需要引进国外大量的资金、先进的技术、高层次的人才和卓越的管理经验，为新区未来的建设和可持续发展提供服务。倘若中国降低开放程度，则会阻碍雄安新区对外合作的力度，在一定程度上也会延缓雄安新区建设的进程。

事实证明，对外开放程度的不断提高，有力地加快了区域经济的快速发展，带动了所在区域的城市发展，也促进了经济水平的提高。例如，深圳经济特区和上海浦东新区都是国内较早实施对外开放的国家级经济特区，作为改革开放的"前沿阵地"，由于对外开放程度较高，国家给予了这些地区的对外优先政策，因而经过几十年的发展，现已成为中国区域经济发展的"样板"，极大地改善了当地人民群众的生活水平。雄安新区作为与深圳经济特区和上海浦东新区同等地位的国家级新

---

❶ "时代强音！一年来习近平这样强调对外开放"，新华网，2019 年 4 月 10 日，http：//www.xinhuanet.com/2019-04/10/c_1124346497.htm.

区，在对外开放的程度上，也应该和二者具有同样的政策和发展。毕竟，雄安新区作为"千年大计、国家大事"，应当有更宽广的国际空间去对接，同国际行为体在多个领域加强合作，来加快新区的建设进程。根据《中共中央　国务院关于支持河北雄安新区全面深化改革和扩大开放的指导意见》，到2035年，雄安新区全面深化改革和扩大开放各项举措得到全面贯彻落实，构建形成系统完备、科学规范、运行有效的制度体系，❶ 这体现出中共中央和国务院在雄安新区的对外开放政策制定方面，给予了大力支持。这将为雄安新区未来的建设，带来良好的发展机遇。随着雄安新区国际化进程的推进，以及开放程度的日益提高，新区的城市化建设将得以又好又快的发展。

由以上可以看出，雄安新区在"十四五"规划的支持、国家政策的激励和新发展理念的指导，尤其在习近平总书记的热情关心下，前期得以快速发展。无论在城市的规划布局，还是生态建设与环境治理等方面，进展都比较顺利，使新区迎来了良好的发展机遇。此外，京津冀一体化的联动式发展，以及对外开放程度的不断提高，也给雄安新区的发展带来了契机。雄安新区在党的正确领导下，加上河北省的不懈努力，以及北京和天津的积极配合下，将迎来跨越式发展，达到良好的社会效果。

二、迎接挑战

从现实情况来看，雄安新区建设已经取得了一些成效，目前进展较为顺利，但雄安新区建设又是一项巨大的工程，且处于建设的初始阶段，自然面临着来自国内外的挑战。具体挑战如下：

---

❶ "中共中央　国务院关于支持河北雄安新区全面深化改革和扩大开放的指导意见"，中华人民共和国中央人民政府网，2019年1月24日，http://www.gov.cn/xinwen/2019-01-24/content_5360927.htm.

（一）建设资金的筹措问题

雄安新区作为国家级新区，是一项规模宏大的工程，不仅工期长，而且耗时多，因而需要大量的建设资金。虽然国务院、国家发展改革委和财政部等国家机构，在项目规划和建设资金等方面给予了雄安新区很大的支持，但雄安新区建设的面比较广，因而需要建设的资金比较多。从现实情况来看，雄安新区属于河北省管辖，大部分的建设资金应当由河北省提供。从长远来看，雄安新区能够通过自身的经营，来实现更多的价值，产生良好的经济效益和社会效益。然而，雄安新区目前正处于建设伊始，短期内还不能产生预期的价值。这就需要通过政府拨款和社会资金等多种方式的供给和筹措，来充分保证雄安新区建设资金的合理使用。从经济运行状况来看，河北省目前处于上升的发展势头。根据2021年1月29日，河北省人民政府新闻办公室举行的"2020年河北省国民经济形势"新闻发布会，河北省统计局党委书记、局长杨景祥透露，2020年河北省地区生产总值36206.9亿元，同比上年增长3.9%，❶这表明河北省的经济总量有较大增长，增速也比较快。同时反映出河北省在党中央和国务院的正确领导下，依靠国家的优惠政策和自身的不懈努力，有力地促进了经济与社会的健康快速发展。然而，从整体发展水平来看，目前河北省与北京和天津等直辖市以及发达的省份相比，仍然存在着一定的差距。

河北省经济出现了发展不平衡的现象，东部和中南部的经济水平较为发达，而西部和北部经济相对落后，致使河北的区域经济发展不均衡。因此，河北省近年来积极融入环首都经济圈和环渤海经济圈，并通过积极融入"一带一路"建设，来加快与其他省份和沿海地区的经济对接。雄安新区作为河北省未来经济发展的"加速器"，由于其工程建

---

❶ "2020年河北省国民经济形势新闻发布会"，中华人民共和国国务院新闻办公室网，2021年1月29日，http://www.scio.gov.cn/xwfbh/gssxwfbh/xwfbh/hebei/Document/1698139/1698139.htm.

设时间比较长，需要花费的建设资金相对较多，因而在建设过程中，可能会因资金短缺问题而影响项目工程进展。从客观角度来看，雄安新区主要是依靠河北省的投资建设，但仅凭河北省的一己之力，要想达到预期的建设目标，相对来说是比较困难的。毕竟，雄安新区建设的规模巨大，未来要建设成为具有国际水准的现代化超级城市群。因此，无论国家，还是北京和天津以及其他合作的省市，还包括国外的一些合作单位，都应该为雄安新区的建设资金进行投资和筹措。倘若雄安新区在规划和建设过程中出现资金短缺问题，必将影响到工程的建设进度，从而使雄安新区建设进程受阻。因此，建设资金的不充足甚至出现紧缺的问题，在未来雄安新区的建设过程中，是可能存在的，这给新区的长期发展带来挑战。在这样的情况下，包括河北省在内，都应当多方为雄安新区提供充足的资金供给，以保证新区建设的顺利进行。

（二）协调配合力度有待加强

雄安新区建设，不仅要有北京和天津这些大城市的支持，还要有河北省省内相关部门的通力合作。这就涉及一个协调配合的问题。虽然目前京津冀一体化的进程在不断推进，雄安新区的各项建设步伐也在日益加快，但不同单位之间如何才能协调配合，使雄安新区获得又好又快的发展，这对于雄安新区的建设来说，是一个非常关键的问题。从目前情况来看，无论北京和天津与河北在雄安新区建设方面的协调，还是雄安新区内部不同部门之间的配合，都没有达到良好的预期效果。虽然京津冀一体化的进程在不断加快，但北京和天津两地"过胖"和河北"过瘦"的现象并没有得到太大改善，尤其是北京和天津对雄安新区建设的支持力度没有加大，效果也没有体现出来。尽管二者将部分企业、医院、学校等单位搬迁或设置分部到雄安新区，但总体上规模还是比较小的。尤其是，北京、天津与河北在人、财、物方面，对雄安新区的支持还没有形成统一的合作机制，也就是说三者之间的衔接度还不够。

习近平总书记强调，要发挥市场机制作用，采取市场化、法治化手段，制定有针对性的引导政策，同雄安新区、北京城市副中心形成合力。❶这反映出总书记十分重视包括北京在内的周边大城市和相关省份，在雄安新区建设方面起到的协调配合作用。

基于雄安新区成立过程中政府主导的显著性，以及新区多维发展使命的特殊性，政府在其未来的建设与发展中也将长期扮演重要的角色和承担重要的职责，❷显示雄安新区未来的建设，需要得到政府部门的帮助和支持，这也是包括河北省在内的相关政府部门的职责所在。由于雄安新区在建设过程中涉及多个领域，包括项目论证、城市规划、工程建设、环境保护和社会稳定等方面，因而需要很多部门的相互协调和密切配合。一方面，河北省的一些行政机关，相关的有中共河北省委办公厅、河北省人民政府办公厅、河北省发展改革委员会、河北省财政厅、河北省住房和城乡建设厅、河北省自然资源厅、河北省公安厅等机关，在雄安新区的前期规划和建设中，发挥了积极的作用，促使雄安新区建设取得了阶段性的成效。然而，从长远来看，河北省的这些相关部门，能否在雄安新区建设过程中，形成一个相互协调与配合的整体，尤其是组成共同建设的合力，对于雄安新区的未来发展来说，是一个重要的考量。另一方面，雄安新区管理委员会是一个综合的协调办事机构，而党政办公室、改革发展局、规划建设局、公共服务局等部门，虽然各司其职，但必须加强相互间的工作协调，以便于提高工作效率。从目前来看，无论河北省涉及雄安新区建设的行政机关，还是具有直接关联作用的雄安新区相关部门，都应在合作方面积极配合，但今后能否成为一个长期的共同体，这对雄安新区的发展来说，将是一个新的挑战。

---

❶ "习近平在京津冀三省市考察并主持召开京津冀协同发展座谈会"，新华网，2019年1月18日，http://www.xinhuanet.com/politics/2019-01/18/c_1124011707.htm.

❷ 王丽：《雄安新区建设中的政府责任与政府边界》，载《甘肃社会科学》2019年第2期，第67页。

（三）高层次人才队伍短缺

人才，是社会主义现代化事业的生力军，而高层次人才，是创新创业的重要力量，其不仅能够提高劳动生产力，创造出更多科技含量高的社会产品，还能够加快科技成果的转化，使现代化的建设进程加快，因而在当今中国特色社会主义建设事业中，能够发挥积极的作用。习近平总书记强调，"千秋基业，人才为本"❶ 表明人才在国家建设中占有核心地位，是国家强盛的重要推动力。因此，世界上的任何国家，都非常重视人才，尤其是很青睐高层次人才。雄安新区建设规模宏大，且工期较长，因而需要大量的人才加入到新区的建设中。尤其是优秀的高层次人才，是雄安新区高质量建设的必备人才，毕竟雄安新区要在新发展理念指导下进行创新性建设，高层次人才在建设过程中能够发挥重要的作用。然而，无论海外的高层次人才，还是国内的高层次人才，很多人都倾向在北京、上海、广州、深圳、杭州等一线城市工作，以获得更多的劳动报酬和发展空间。从实际情况来看，雄安新区所在的河北省，由于同发达省份和一线城市在工资待遇和发展机遇上存在一定差距，在吸引高层次人才方面，缺乏相应的优势和竞争力，因而在招聘方面较难招揽到海内外高层次的优秀人才。这对于雄安新区未来的跨越式发展来说，确实是一个挑战。

一方面，雄安新区目前仍然处于起步建设阶段，一些人才待遇和配套设施还没有稳定下来；另一方面，河北省的薪资待遇整体上没有一线发达城市高。这些客观存在的因素，在一定程度上制约着雄安新区对海内外高层次人才的吸引，导致出现优秀的人才队伍短缺的现象，不利于雄安新区未来的高质量和一流化发展。国务院总理李克强同志指出，

---

❶ "习近平：千秋基业，人才为本"，新华网，2018 年 8 月 9 日，http://www.xinhuanet.com/politics/leaders/2018-08/09/c_1123247876.htm.

"创新驱动根本要靠人才"❶，"人力人才资源是中国发展的最大优势"❷，体现出创造性的快速发展，需要人才的支持，对于国家未来的建设能够产生重要的影响。雄安新区是集智慧城市建设和人文城市建设为一体的综合性建设城市，需要自然科学领域和人文社会科学领域等多方面的专业人士，参与到新区的规划和建设中。这就要求雄安新区管理委员会乃至中共河北省委和河北省人民政府出台一些吸引高层次人才的优惠政策，安置好他们的工作和生活，使他们没有后顾之忧，从而贡献各自的才智，全身心地投入到雄安新区的建设中。然而，从目前情况来看，招聘和吸纳高层次的人才，组建高水平的建设和研究队伍，相对还比较困难，对雄安新区的长期发展而言，无疑是一个不小的挑战。

(四) 国际合作支持力量薄弱

雄安新区内嵌于城市群网络机体之中，与城市群之间存在密切的经济联系与能量交换关系，在空间上扮演着京津冀之间的新枢纽角色，承担着加速世界级城市群形成的新支点功能，❸体现出雄安新区临近北京和天津，是京津冀三地的交汇点，具有发展成世界超级城市群的巨大潜力。从长远来看，雄安新区的建设目标是建成世界一流的现代化超级城市群，因而加强国际合作，获得国际社会的支持和认可，对于雄安新区的未来发展来说，有着非常重要的影响。这是因为通过同国外建立广泛联系，尤其是实现与国外一些发达城市和跨国企业的对接，能够为雄安新区的发展带来外国资本、先进技术、人力资源和管理经验等，进一步加快新区的建设步伐。从现实情况来看，雄安新区正处于开工建设的起

---

❶ "李克强：创新驱动根本要靠人才"，新华网，2014 年 6 月 10 日，http://www.xinhuanet.com//politics/2014-06/10/c_1111077430.htm.

❷ "李克强：发挥好人力人才资源优势　促进产业迈向中高端　努力实现高质量发展"，新华网，2018 年 5 月 30 日，http://www.xinhuanet.com/politics/2018-05/30/c_1122914232.htm.

❸ 李兰冰、郭琪、吕程：《雄安新区与京津冀世界级城市群建设》，载《南开学报》（哲学社会科学版）2017 年第 4 期，第 22 页。

始阶段，虽然国内的影响较大，但目前还没有产生较大的国际影响力，因而在国际上同其他国家和地区开展的合作并不多。然而，从长远来看，随着项目工程建设的不断推进，尤其是国际化程度的日益提高，雄安新区在世界范围内的影响力将快速增强，届时其与其他国家和区域组织的合作将得到较大拓展。现阶段，雄安新区应充分整合京津冀的经济资源、社会资源、空间资源和生态资源，在国际化视角下谋篇布局，[1]雄安新区应当把北京、天津与河北的优势资源汇集起来，按照国际化的标准，进行创新性建设。

雄安新区目前的国际化程度不高，主要体现于其对外宣传的力度不强，再加上刚开始建设，同国外的合作没有拓展开来有一定关联。开放是国家繁荣发展的必由之路，[2]开放在国家的发展进程中，能够产生巨大的力量，不断推动着国家和民族的快速进步。雄安新区作为中国现代化建设进程中的一个新区，未来将被打造成国际知名的城市，因而现阶段就应该借助各种国际交流渠道和沟通平台，加大宣传力度，使国际社会能够更多地了解雄安新区。从长远发展来看，当雄安新区在世界范围内拥有了较高的知名度后，许多国际大城市和全球跨国公司将加强同新区不同部门的合作，促使雄安新区能够吸引更多的国际资本、先进技术和卓越的管理经验。这对于雄安新区长期的可持续发展，能起到重要的促进作用。然而，雄安新区的国际化合作，尤其是知名度的提升，不是一朝一夕的，而是需要长期的宣传和对接，不但要树立良好的城市品牌形象，而且要给予国外合作者更多的优惠政策，使其能够真正感受到未来会拥有实实在在的利益，产生互惠共赢的效果。从目前情况来看，雄安新区的国际化程度并不高，还有待进一步加强。从实际情况来看，这

---

❶ 魏丽华：《雄安新区：比较、借鉴与启示》，载《河北大学学报》（哲学社会科学版）2017 年第 5 期，第 65 页。

❷ 中共中央宣传部：《习近平总书记系列重要讲话读本》，学习出版社，人民出版社 2016 年版，第 135 页。

对于雄安新区的跨越式发展来说，确实是一个比较大的挑战，因而需要多方的共同努力。

由以上可以看出，雄安新区在建设进程中遇到了一些重要的机遇，包括"十四五"规划的实施、新发展理念的指导、国家政策的激励，尤其是习近平总书记的大力支持，对雄安新区的快速发展起到了巨大的推动作用。此外，京津冀一体化的互动发展，国家开放程度的提高，也为雄安新区建设提供了良好的机会。然而，雄安新区目前尚处于建设的初始阶段，仍然面临着一些挑战，涉及建设资金问题、协调配合的力度不强、高层次人才队伍短缺、国际合作支持力量较为薄弱等方面。这些问题倘若处理不好，对于雄安新区的长期建设，将会产生不良的影响。因此，抓住机遇，迎接挑战，需要雄安建设者共同努力。

第六章　习近平新时代中国特色社会主义思想
对雄安新区建设的指导

　　"习近平新时代中国特色社会主义思想",是新时期中国社会主义现代化建设的总的指导思想,不仅被写入党章,而且被写入《中华人民共和国宪法》,是依据中国的国情和国际形势的变化,对中国社会的发展作出的科学规划,无论对于内政外交的开展,还是经济社会发展的战略布局,都起到了重要的指导作用。该理论体系中关于经济发展的理念和城市建设的思想,对正处于开工建设阶段的雄安新区建设来说,具有重要的现实指导作用,包括区域经济发展、城市规划布局、生态环境保护、智慧城市和人文城市建设以及可持续发展等方面,具有积极的引领意义。

一、加快雄安新区的经济发展

　　"习近平新时代中国特色社会主义思想",强调要坚持和推进"五位一体"的总体布局。从内涵上来看,"五位一体"包括全面推进经济建设、政治建设、文化建设、社会建设和生态文明建设五个部分,是中国共产党在领导人民建设中国特色社会主义的实践中认识不断深化的结果，❶体现出中国共产党的正确领导和进行社会主义现代化建设的努力探索，对于"五位一体"的发展方式和建设理念的形成，具有重要的促进作用。"五位一体"，是在"四位一体"的经济建设、政治建设、文化建设和社会建设的基础上，增加了生态文明建设，不仅要将社会建设好，还要加强生态环境保护，推进可持续发展。从"五位一体"的组成部分可以看出，加快经济发展，无论对中国社会的进步还是人民生活水平的提高，都能够起到关键作用。"五位一体"是对经济发展方面的指导，其中强调了要促进区域经济协同发展，使包括雄安新区在内的超级城市群发展，具有极其重要的现实意义。毕竟，雄安新区不仅关系到城市建设，还涉及区域经济发展，尤其在京津冀一体化中的区位功能和经济作用下，经济发展的核心地位更加突出。

"五位一体"对经济发展方面的规划指出，经济建设方面，坚持新发展理念，以供给侧结构性改革为主线，推动经济发展质量变革、效率变革、动力变革，不断解放和发展社会生产力，❷反映出经济发展要贯彻"创新、协同、绿色、开放、共享"的理念，还要倡导供给和需求的平衡，尤其要重视质量、规模和效益的有机统一，在保障强大动力的基础上，不断推动生产力发展水平的提高。从目前情况来看，雄安新区在发展过程中要进行供给侧结构性改革，未来要坚持"走出去"和"引进来"相结合，使雄安新区内的供给和需求保持平衡状态。同时，雄安新区的经济发展要在保证高质量发展的前提下，坚持效率和公平的原则，从而产生良好的社会效果。此外，由于雄安新区建设不是一朝一夕能够完成的，而是要有长期发展的远景目标，所以其发展一定要保持

---

❶ "五位一体　伟大事业的总体布局"，新华网，2016年1月31日，http://www.xinhuanet.com/politics/2016-01/31/c_128688107.htm.

❷ 《人民日报评论员：统筹推进新时代"五位一体"总体布局——六论学习贯彻党的十九大精神》，载《人民日报》2017年11月3日，第1版。

强大的动力，不能松懈否则会出现延缓发展和半途而废的结果。正如习近平总书记在 2020 年新年贺词中指出，雄安新区规划建设以特定区域为起步区先行开发，起步区面积约 100 平方公里，中期发展区面积约 200 平方公里，远期控制区面积约 2000 平方公里。❶ 这体现出雄安新区建设分为初期、中期和长期建设，其规模不断扩大，因而要保持长期的发展动力，促进雄安新区在经济建设方面获得又好又快的发展。因此，"五位一体"关于经济发展方面的思路，有利于雄安新区规模化的城市建设和区域经济发展，起到良好的指导作用，并具有重要的现实意义。

二、促进城市规划的合理布局

统筹协调与科学发展，是"习近平新时代中国特色社会主义思想"的重要内容。从内涵上来看，统筹协调，是把不同地区的资源融合到一起，最大限度地发挥人、才、物的合力作用，使各方集中的力量都能够产生应有的效应。从客观角度讲，雄安新区作为刚起步建设的国家级新区，需要将北京、天津和河北三地的资源集中起来，还要引进国内其他地区乃至国外发达城市的人、才、物和先进技术及管理经验，为雄安新区的跨越式发展增加更多的力量。这是因为雄安新区未来是一座现代化的新城，在规划布局上一方面要体现新意，突出现代性的特点，另一方面要彰显城市的合理布局，不但要设计合理，而且要布局科学，无论在空间结构上，还是在地面建设上，都要有创新。习近平总书记十分关心雄安新区的规划建设，要求牢牢把握河北雄安新区功能定位，顺应自然、尊重规律，立足平原建城，打造中国特色城市风貌、突出生态治理和保护，坚持稳扎稳打，进一步提升新区规划质量和水平。❷ 这显示总

---

❶ "品读习近平 2020 年新年贺词 这些名词和人物要知晓"，光明网，2020 年 1 月 1 日，https://politics.gmw.cn/2020-01/01/content_33447228.htm.

❷ "这篇纪实，饱含着习近平总书记的'雄安情怀'"，人民网，2018 年 4 月 27 日，http://politics.people.com.cn/n1/2018/0427/c1001-29955446.html.

书记将雄安新区的城市规划和周围环境结合起来进行考虑，既符合城市建设的需要，又为新区高质量的发展着想，形成科学合理的城市规划布局。这不仅要达到城市建设方面所预期的效果，还要为新区未来的可持续发展制订新的方案。

一个城市的规划布局，对其未来的建设及其产生的社会效果，将产生很大的影响。这是因为规划布局不但确定了城市的整体框架，而且指明了其未来的发展方向。倘若在起始阶段城市的规划布局不能做到科学、合理，出现不协调甚至混乱的局面，则会给城市形象带来影响，最终给城市建设带来混乱。习近平总书记强调，"城市规划要由扩张性规划逐步转向限定城市边界、优化空间结构的规划"。❶ 这反映出总书记提出要对城市进行精准规划，优化城市布局，使城市建设达到良好的社会效果。基于此，城市规划要突出地域特色，集中在相对固定的地域范围内进行设计规划，不能盲目地通过扩张来达到规划的目的，这样就很容易导致散、乱、差现象的出现。为避免这样的情况发生，习近平总书记对雄安新区的规划非常重视，指出要防患于未然，不要掉以轻心，不要走弯路，务必系好新区规划建设的第一颗扣子。❷ 这显示雄安新区的规划设计从一开始就要谨慎，要精益求精，在开局良好的情况下，才能够保证雄安新区建设工程的顺利进展。因此，"习近平新时代中国特色社会主义思想"中关于城市规划和设计的理念，能够促进雄安新区城市群的发展，从而保证雄安新区建设朝着正确的方向迈进。

三、加大生态环境的保护力度

城市化的发展，需要有良好的生态环境，宜居的生活环境，已经成

---

❶ 习近平：《在中央城镇化工作会议上的讲话》（2013年12月12日），《十八大以来重要文献选编》（上），中央文献出版社2014年版，第607页。

❷ "这篇纪实，饱含着习近平总书记的'雄安情怀'"，人民网，2018年4月27日，ht-tp://politics.people.com.cn/n1/2018/0427/c1001-29955446.html。

为现代社会必不可少的因素之一。随着现代文明城市建设的不断加强，生态建设和环境保护，已成为新型城市发展的重要组成部分。雄安新区作为超级城市群，从起始到开展，一直十分重视新区内的生态建设和包括白洋淀在内的周边环境的保护。习近平总书记对雄安新区的环境保护问题高度重视，并多次提出要做好新区的城市环保工作，包括污水处理、土壤治理、水系维护、大气净化等多个方面。这些措施同"习近平新时代中国特色社会主义思想"中关于生态环境保护的理念，是息息相关的。习近平总书记在党的十九大上所做的报告中指出，必须树立和践行绿水青山就是金山银山的理念，坚持节约资源和保护环境的基本国策，像对待生命一样对待生态环境，统筹山水林田湖草系统治理，实行最严格的生态环境保护制度，形成绿色发展方式和生活方式。❶ 这体现出以习近平同志为核心的党中央，高度重视环境保护，不仅强调加强环境污染治理，建立生态保护的长效机制，还倡导低碳绿色的生活方式。这对于包括雄安新区在内的现代超级城市群发展来说，都具有重要的指导意义。雄安新区的目标是要建成"宜居之城"，因而生态环境保护将是其长期建设的任务之一。

早在 2013 年习近平总书记就强调"我们既要绿水青山，也要金山银山。宁要绿水青山，不要金山银山，而且绿水青山就是金山银山"。❷ 彰显习近平总书记非常重视自然环境的治理工作。从现实情况来看，多年的开发，虽然带动了许多地区经济的快速发展，但也造成了一些农村和城市环境的严重污染，不仅不利于人民的身体健康，也破坏了人与自然的和谐共生。雄安新区所处的地域在河北省境内，包括雄县、容城和

---

❶ "习近平：决胜全面建成小康社会 夺取新时代中国特色社会主义伟大胜利——在中国共产党第十九次全国代表大会上的报告"，新华网，2017 年 10 月 27 日，http://www.xinhuanet.com//politics/19cpcnc/2017-10/27/c_1121867529.htm.

❷ 《绿水青山就是金山银山——关于大力推进生态文明建设》，载《人民日报》2014 年 7 月 11 日，第 12 版。

安新县在内，容易受到省内其他地区和周边环境污染的影响，毕竟河北省的一些地区多年污染相对严重，这为雄安新区的环境治理和生态保护提出了新的挑战。为此，"习近平新时代中国特色社会主义思想"中表明要加大力度保护自然生态环境，这为雄安新区建设成为生态文明之城，提供了重要的思想指导和政策保障。习近平总书记曾经强调，"要让城市融入大自然，不要花大力气去劈山填海，很多山城、水城很有特色，完全可以依托现有山水脉络等独特风光，让居民望得见山、看得见水、记得住乡愁"。[1] 凸显习近平总书记期待自然环境和城市建设相结合，不同的地域环境和特色的风光通过相互间的融合，创造出山清水秀、清新怡人的城市居住环境，使自然、人与城市形成和谐美丽的有机统一。因此，"习近平新时代中国特色社会主义思想"关于生态环保的理念，对于雄安新区加强生态环境保护，打造风景秀丽、干净整洁的一流城市宜居环境，具有重要的促进作用和现实指导意义。

四、推动智慧城市和人文城市建设

习近平新时代中国特色社会主义思想，是对科学发展观的继承和发展，[2] 表明科学技术要融入到经济社会发展中，不仅能够增强城市建设的新颖性，还可以提升现代城市的品味，加快与国际一流城市的对接。雄安新区未来将是一座现代化的城市群，智能化程度较强，富有现代气息。因此，雄安新区的科技含量很高，电力、自动化、互联网和现代设施相结合，并讲究合理的空间布局，将使其成为名副其实的智慧城市（Smart City）。这主要体现在城市的整体布局处于信息化、工业化和城

---

[1] 习近平：《在中央城镇化工作会议上的讲话》（2013年12月12日），《十八大以来重要文献选编》（上），中央文献出版社2014年版，第603页。

[2] 熊若愚、林珊珊、何忠国："习近平新时代中国特色社会主义思想和基本方略——中央党校学员学习党的十九大精神访谈之二"，人民网，2017年11月15日，http://theory. people. com. cn/n1/2017/1115/c40531-29647357. html.

镇化的动态控制和管理中，使其运转的效能更加灵活、集中和便利。从实际情况来看，智慧城市最大的特点是高度科技化，在城市的发展过程中融合了科学发展的观念，也是习近平新时代中国特色社会主义思想所提倡的发展方式，对于雄安新区的智慧城市建设具有重要的指导作用。习近平总书记对于大城市推进城市治理现代化时指出，从信息化到智能化再到智慧化，是建设智慧城市的必由之路，前景广阔，❶ 凸显智慧城市建设是未来大城市建设，尤其像雄安新区这样的超级城市发展的必由之路。这是因为智慧城市一方面能够为大城市的发展带来更多便利。另一方面也能够加快大城市的现代化建设进程，为包括雄安新区在内的国家级新区提供智能化的运行设施，产生良好的社会效应，增加丰富的公共产品。

习近平总书记在党的十九大报告中指出，文化自信是一个国家、一个民族发展中更基本、更深沉、更持久的力量。要培育和践行社会主义核心价值观，不断增强意识形态领域主导权和语话权，推动中华优秀传统文化创造性转化、创新性发展，❷ 反映出优秀的历史文化，无论对国家的经济社会发展，还是现代的城市建设，都具有极其重要的引领作用。从历史发展的角度来看，雄安新区有着悠久的历史文化，包括南阳遗址、宋辽边关地道遗址、三各庄遗址，还有圈头音乐会、安新芦苇画等非物质文化遗产，以及水上婚礼等民俗文化，彰显雄安新区所在的地域有着悠久的历史文化传统。这些独特的文化与现代气息浓厚的新城建设相结合，将体现出传统文化与现代文化的有机融合。这不但能够带动当地旅游业的发展，还能够发挥历史名城的效应，进而提升其在国内乃

---

❶ "习近平：运用信息化让城市变得更'聪明'"，新华网，2020 年 4 月 1 日，http://www.gov. cn/xinwen/2020-04/01/content_5497852. htm.

❷ "习近平：决胜全面建成小康社会 夺取新时代中国特色社会主义伟大胜利——在中国共产党第十九次全国代表大会上的报告"，新华网，2017 年 10 月 27 日，http://www. xinhuanet.com//politics/19cpcnc/2017-10/27/c_1121867529. htm.

至国外的城市品牌形象和社会影响力，为雄安新区的长期快速发展带来更多的资源，加速其向现代超级城市群方向迈进。从客观角度来看，雄安新区在科技化建设的同时，应体现其地域特色，保留新区所在的雄县、容城和安新等地及周边的历史文化传统，加大历史文化的建设和推广力度，助其未来成为一座具有广泛社会影响力的文化名城。

人文精神，能够彰显一座城市的文化气质，有利于促进人文城市的建设和发展。雄安新区未来作为超级城市的"样板"，在深厚的历史文化积淀的基础上，需要加强人文精神的培养，加快推进人文城市建设。这是因为人文精神的塑造，能够为雄安新区的城市建设增添"灵气"，使未来的雄安新区充满魅力。习近平总书记强调，城市群要加强规划和建设，提高城市综合承载能力和内涵发展水平，突出城市地域特点和人文特色。[1] 这表明包括雄安新区在内的城市群，在规划布局中应当重视内涵式的发展，提高城市的文化积淀能力，使人文精神逐渐融入到城市建设中，从而打造成一流的人文城市。基于此，雄安新区人文城市的建设，应结合所在地域的特点，因地制宜，自然而然地融入历史和文化元素，再增加包括东西方在内的现代文化元素，构建成既有历史传统、又有现代特色的包容性文化城市。这不仅能够使雄安新区未来成为名副其实的人文城市，还可以提升雄安新区的城市形象和文化品牌，吸引更多的国内外游客和合作者前来观光和接洽。因此，雄安新区智慧城市和人文城市建设，在"习近平新时代中国特色社会主义思想"中关于科学发展、人文建设等理念的指导下，未来将不断推进建设进程，进而获得显著的成效。

---

[1] 中共中央文献研究室：《习近平关于社会主义经济建设论述摘编》，中央文献出版社 2017 年版，第 252 页。

五、努力实现雄安新区的可持续发展

从实际情况来看，雄安新区的发展是一个长期的过程，绝不是一朝一夕就能够完成的，因而可持续发展，是未来雄安新区可行和较为合理的发展方式。"习近平新时代中国特色社会主义思想"的理论体系中，对可持续发展作了明确的说明和规定，建设生态文明是中华民族永续发展的千年大计，坚持节约资源和保护环境的基本国策，坚定走生产发展、生活富裕、生态良好的文明发展道路，❶ 这体现出保护自然环境，加强生态建设，有效节约资源，无论对于当今社会的发展，还是未来子孙后代的生活，都发挥着重要的作用。习近平总书记强调，生态环境保护是功在当代、利在千秋的事业，环境治理是一个系统工程，必须作为重大民生实事紧紧抓在手上，❷ 这凸显加强环境治理，关系到社会主义现代化建设的成效。雄安新区作为规划建设中的超级城市群，在生态环境方面不但要力求做好保护工作，还要考虑城市建设的生态效应。一方面，雄安新区要尽可能地节约自然资源，不要过度浪费和破坏水、林木、土地、植被等资源，更不要浪费已有的电力、石油、燃气等生产和生活能源，坚持走低碳发展道路。另一方面，在雄安新区范围内，要加大环境保护的治理力度，做好城市污水和垃圾处理工作，保护好白洋淀生态水系，有效防治周边大气污染，大力开展植树造林和植被保护工作，使雄安新区成为呈现碧水蓝天、干净整洁的宜居之地。

习近平总书记指出，从生态系统整体性着眼，可考虑加大河北特别是京津保中心区过渡带地区退耕还湖力度，成片建设森林，恢复湿地，

---

❶ "习近平：决胜全面建成小康社会 夺取新时代中国特色社会主义伟大胜利——在中国共产党第十九次全国代表大会上的报告"，新华网，2017 年 10 月 27 日，http://www.xinhuanet.com//politics/19cpcnc/2017-10/27/c_1121867529.htm.

❷ 何毅亭：《以习近平同志为核心的党中央治国理政理念新思想新战略》，人民出版社 2017 年版，第 129 页。

提高这一区域可持续发展能力。❶ 雄安新区处于该过渡带区域内，因而通过加强生态系统建设，来提升雄安新区的可持续发展能力，不仅是以习近平总书记为核心的党中央的高度重视，也是雄安新区未来跨越式发展的重要目标之一。按照雄安新区的规划和建设目标，未来的城市规模随着建设进程的不断推进而变得越来越大，彰显可持续发展的力度在日益增强。从长远观点来看，雄安新区的发展不仅要满足当代人的需求，服务于雄县、容城、安新县及周边地区的人民生活，还要助力京津冀一体化的发展，并为未来的子孙后代留下宝贵的资源，造福于他们。因此，雄安新区在推进环境保护和生态文明建设的过程中，要进一步细化工作，长期实施具体的环境保护措施，坚持不懈地开展下去，真正做到绿色和可持续发展。对此，习近平总书记指出，坚持预防为主、综合治理，强化水、大气、土壤等污染防治，着力推进重点流域和区域水污染防治，着力推进重点行业和重点区域大气污染治理，为子孙后代留下天蓝、地绿、水清的生产生活环境。❷ 这体现出总书记对保护环境作了深入的分析和细致的安排，不但考虑到当今治理环境污染的具体目标，而且为后人的宜居环境着想，使生态建设成为现代化建设的重中之重，为雄安新区未来的环境保护提供了重要的政策支持。

"习近平新时代中国特色社会主义思想"，蕴含科学的发展理念，不仅对雄安新区的经济发展具有重要的指导作用，而且对新区的规划与布局，以及生态环境保护、智慧城市和人文城市建设，尤其是对长期的绿色和可持续发展，在现实上具有积极的引领作用，能够产生良好的经济效益和社会效益。因此，"习近平新时代中国特色社会主义思想"，对于雄安新区的长期健康发展，能够起到显著的推动作用。

---

❶ 中共中央文献研究室：《习近平关于社会主义经济建设论述摘编》，中央文献出版社 2017 年版，第 253 页。

❷ 习近平：《习近平谈治国理政》，外文出版社 2014 年版，第 209-211 页。

第七章　雄安新区高质量和绿色发展的路径

雄安新区建设是一项宏伟的系统工程，不仅得到了以习近平总书记为核心的党中央的高度重视，而且受到了省市领导和多个部门在人、财、物等方面的关心和支持。从实际情况来看，良好的雄安新区规划和建设，无论对区域经济的快速发展，还是京津冀一体化的协同创新，都将发挥重要作用。在这样的情况下，"雄安质量"的标准和要求，以及后续产生的效果，无疑成为雄安新区建设的关键因素。因此，践行新发展理念，实施绿色发展方式，加强科技与人文的融合创新，探索出一条区域化与国际化并举的雄安发展道路，建立雄安模式，是雄安新区未来获得又好又快发展的强大动力和路径选择。

一、"雄安质量"的科学内涵和社会价值

"雄安质量"是对雄安新区建设的要求，在加快建设速度的同时，更注重建设的质量，始终将"高质量"作为新区建设的标准之一。叶振宇认为，"雄安质量"是雄安新区建设高质量发展样板的基本概括，❶反映出高质量发展，不仅是雄安新区建设的内在要求，也是新区良好建

---

❶ 叶振宇：《"雄安质量"的时代内涵与实现路径》，载《天津师范大学学报》（社会科学版）2019 年第 4 期，第 8 页。

设的外在体现，未来能够为其他新区建设起到一定的示范作用。一方面，雄安新区在规划建设过程中，要将"高标准"和"严要求"充分体现，并作为主要任务来抓。这样能够达到丰硕的建设成果，防止"豆腐渣工程"的出现。另一方面，这也能够将经济效益、社会发展、生态防护、文化传播和对外交流等多个事项结合起来加以开展和推动，将五大发展理念深入贯彻到新区建设中。"雄安质量"不仅彰显出雄安新区建设的高质量要求，而且蕴含深厚的科学内涵，是中国在决胜小康建设时的区域经济规划和发展战略布局。从长远来看，雄安新区建设将发挥非首都功能作用，对于京津冀协同创新发展，发挥着显著的社会价值。

(一) 科学内涵

"雄安质量"遵循新发展理念，是在"习近平新时代中国特色社会主义思想"的正确指导下，进行区域规划建设所要达到的标准。它不仅显示新区建设要有现代性和时代气息，还要有较高的质量要求。这体现出对于城市规划要有先进的理念，从战略高度对新区建设进行科学规划和合理布局，既要考虑到新区发展的独特性，也要重视建设的整体性和创新性。习近平总书记十分重视城市规划和城市群的发展，强调"城市群是京津冀实现区域合作、优势互补、互联互通、协同发展的重要载体"，● 体现出总书记对包括雄安新区在内的城市群发展的关注。从现实情况来看，新区建设涉及的因素有区域开发、环境保护和城市安全等重要内容，是关系到"雄安质量"能否达标的根本因素。雄安新区的城市建设要讲究科学规划，无论城市边界的划分，还是市政建设的布局，都要做到合理统筹，将城市的现代性和人文性结合起来，从而完美体现基础设施建设、道路交通建设和建筑空间设计等质量和规划。同

● 中共中央文献研究室：《习近平关于社会主义经济建设论述摘编》，中央文献出版社 2017 年版，第 252 页。

时，环境保护要围绕绿色发展理念展开建设，一方面，要将新区建设同周边环境保护有机结合起来，实行治理环境污染、加强生态建设和防范自然灾害等多种科学举措，做到长期的绿色和可持续发展。另一方面，要加强新区城市安全防范，在建设过程中不但要防止工程建设安全，而且要紧防人生财产安全，使"雄安质量"真正做到质量安全。

从实际情况来看，"雄安质量"体现的是新区高标准的建设要求，是将时代元素和绿色发展相结合的一种现实反映，富有深刻的内涵。这无论对于区域经济发展，还是现今城市化建设，都有着一种内在要求。这种要求是科学化的实践，毕竟雄安新区是"千年大计、国家大事"，❶因而在建设上的高标准和严要求，是符合具体实际的。为缓解北京城市化压力，发挥非首都功能的作用，雄安新区从建设伊始就进行了较高的定位，包括在区域定位、经济优势、文化传播、国际交流和品牌创新等方面，都提出了较高的要求。这自然为"雄安质量"的顺利开启和长期推进，起到了良好的理论指导作用。从理论上讲，以习近平同志为核心的党中央，十分重视雄安新区建设，将"高质量"的发展，作为雄安新区建设的基础。这不仅是党和国家领导人对雄安新区建设的重要思想指导，也是包括绿色发展在内的"五大发展理念"在雄安新区的有力实践，是中国区域经济发展的良好样本。从实践上来看，雄安新区不仅关系到京津冀和华北地区的经济发展，更是未来中国区域经济合作发展的"风向标"，其内涵和意义深刻而重大。

（二）社会价值

雄安新区建设的成效，不仅关系到京津冀一体化的发展状况，还涉及中国区域经济板块升级的情况，因为雄安新区已经拥有了与深圳经济特区和上海浦东新区同等的发展地位。在这样的情况下，"雄安质量"

---

❶ "千年大计、国家大事—以习近平同志为核心的党中央决策河北雄安新区规划建设纪实"，新华网，2017 年 4 月 13 日，http://www.xinhuanet.com//politics/2017-04/13/c_1120806042.htm.

的发展程度和效果，直接关系到雄安新区的建设进程，以及产生的社会价值。从局部来看，"雄安质量"的高标准，能够保证新区建设实现又好又快的发展，这样能够带动包括雄县、容城和安新在内的周边县域经济的快速发展，进而促进保定和石家庄等地市经济的融合，更有利于促进河北省全省经济水平的提高，对于改善民生，加快精准扶贫工作的进程和完善，起到了良好的推动作用。从整体来看，"雄安质量"能够加速雄安新区同首都北京在工程建设、经济合作、交通枢纽和人才培养和信息共享等方面的连接速度，以及河北省同天津市在人、财、物等多个层面的对接，毕竟"雄安质量"在建设过程中有很大的需求，对北京和天津在建筑材料和基础设施等方面的需求很大，对于河北省融入环首都经济圈和环渤海经济圈起到很大的推动作用。

客观上来讲，"雄安质量"的高标准，无疑是京津冀一体化发展的"加速器"。无论对于雄安新区周边经济水平的快速提升，还是河北省快速融入以北京和天津为核心的华北经济圈，都将发挥重要的作用。时任河北省省长许勤表示，将坚持以创新驱动推动高质量发展，以"雄安质量"引领高质量发展，以深化改革激发高质量发展，以扩大开放拓展高质量发展空间，以生态绿色促进高质量发展，以高质量发展为河北赢得未来，❶ 这表明"雄安质量"将更好地助力河北未来的跨越式发展。此外，"雄安质量"的建设样本，也能够对其他区域经济的发展，起到良好的示范作用。一方面，"雄安质量"定位高，能够起到显著的引领作用，毕竟以习近平总书记为核心的党中央，对新区质量建设高度关注。这在一定程度上能够确保"雄安质量"真正达到较高的标准，并产生良好的后续效果。另一方面，"雄安质量"对促进周边地区的生态建设和环境保护，起到积极的推动作用，尤其是加快"绿色、协同、可持续"发展，产生了一定的动力。保护生态环境关系人民的根本利

---

❶ 《以"雄安质量"引领高质量发展》，载《光明日报》2018年3月9日，第12版。

益和民族发展的长远利益,● 因此生态环境问题是涉及国计民生的重大问题。科技化、信息化和人文化的发展方式,使"雄安质量"能够达到预期目标,从而保证雄安新区建设进程稳步向前推进,对于营造新区内人、自然与社会的和谐氛围,也能够起到重要的促进作用。

二、雄安新区"绿色发展"的标准和特色

从实际情况来看,"雄安质量"的要求和"绿色发展"的创新,是雄安新区在建设过程中的有机结合,二者相辅相成,缺一不可。雄安新区建设强调不仅要重视"雄安质量",还要重视"绿色发展",二者的紧密结合,才能保证雄安新区朝着又好又快的方向发展,实现不同阶段的预期目标。因此,"绿色发展"成为雄安建设的关键词,被赋予了一定的标准和特色。打造绿色生态宜居新城区,是雄安新区规划建设的首要定位。❷ 因此,"绿色发展"将成为"雄安质量"标准实现的主要实施策略。薛楠和齐严二者表明,雄安新区亟须培育适宜创新生态环境生成的创新主体、打造有活力的创新生态链和营造良好的创新环境,❸ 建立创新生态系统,是雄安新区实施绿色发展战略的重要环节。

(一) 标准

习近平总书记提出了"五大发展理念",即"创新、协调、绿色、开放、共享",❹ 其中绿色发展是新发展理念的重要内容。雄安新区在建设过程要践行新发展理念,尤其是要遵循"绿色发展"的思维方式去践行,毕竟绿色发展具有一定的标准和特色。

● 中共中央宣传部:《习近平总书记系列重要讲话读本》,学习出版社,人民出版社 2016 年版,第 233 页。

❷ 《成就"雄安质量"先明确有所不为》,载《人民日报》2018 年 4 月 27 日,第 5 版。

❸ 薛楠、齐严:《雄安新区创新生态系统构建》,载《中国流通经济》2019 年第 7 期,第 118 页。

❹ 《五大发展理念彰显科学方法论》,载《人民日报》2016 年 1 月 18 日,第 7 版。

1. 低碳全覆盖

雄安新区建设，要提倡低消耗的生产和生活方式，无论在工程建设和城市规划上，还是人居生活方面，都要将"低碳"效应呈现出来。作为国家"样板"型的示范新区，雄安新区在"雄安质量"的要求下，对新区的"绿色发展"制定了较高标准，在各个生产环节和生活部门，都贯彻"低碳"运行的发展理念，并实现在新区范围内的全覆盖目标。根据《国务院关于河北雄安新区总体规划（2018—2035 年）的批复》意见，提出"要坚持绿色低碳循环发展，推广绿色低碳的生产生活方式和城市建设运营模式，推进资源节约和循环利用"，● 反映出中央对雄安新区实行低碳建设，给予了明确的规划意见。一方面，新区建设要在以习近平总书记为核心的党中央关于"五大发展理念"的正确指导下，紧紧围绕新区建设的特点，因地制宜，积极展开低碳全覆盖的发展。另一方面，低碳建设内容要不断扩大，包括建立碳金融服务体系、绿色协同发展创新体系和碳排放监督体系等综合性低碳运行结构，早日实现雄安新区的低碳建设目标。

2. 节能效率高

节省能源，防止大量的能源消耗，是雄安新区实施绿色发展方式的一个重要标准。雄安新区在规划和建设中，电力、燃气和水资源的需求量比较大，而新区无论在建设的规模上，还是在人、财、物的使用中，对能源的需求无疑都会增加。因此，雄安新区在开始建设时，就提出了节省能源和高效率建设的倡议。新区通过采用地热、地下水和清洁能源等多种方式，来提高能源的使用效率，降低能源消耗率。将节能作为"第一能源"，每年可节约标煤约 600 吨，减少二氧化碳排放约 1000 吨。

● "国务院批复雄安新区规划建设绿色低碳之城、国际一流的创新型城市"，中国网，2019年1月3日，http://innovate.china.com.cn/2019-01/03/content_40632380.html.

未来雄安将全部采用清洁能源，可再生能源消费不低于50%，[1] 雄安新区已开始部署和实施节能减排工作，并做了具体规划和要求。同时，新区还注重再生能源的循环利用，并积极探索多种能源的供给措施，使能源的利用效率得到很大提高。这与习近平总书记提出的"推动能源供给革命，建立多元供应体系"[2] 的发展思路相一致，对雄安新区未来节能减排，提高生产效率，建立多元化的能源供给和消费体系，提供了良好的保障。

3. 清洁无污染

治理城市污染，切断污染源，创造清洁、干净的园区环境，是雄安新区绿色和高质量发展的重要目标。雄安新区位于河北省境内，而河北省存在大量的重工业，受污染的程度较高，包括空气和水污染，以及冬季出现的重雾霾等，因此给雄安新区的环境治理，带来了一定的负面效应。近年来，河北省加大了环境治理力度，有力地降低了污染程度，逐渐为雄安新区的发展创造了良好的环境。然而，治理污染工作仍然任重道远，这对雄安新区的清洁无污染目标，无疑产生了不同程度的制约作用。在这样的情况下，防污治污，营造干净清洁的生态环境氛围，自然成为新区未来建设的重要内容之一。一方面，清除污染源、循环再利用废水废物、种植大量绿色防护林、保护白洋淀水域环境、减少碳排放量等多种方式，将雄安新区的污染防治工作纳入建设进程中。2019年，雄安新区计划完成20万亩植树造林任务，重点打造环白洋淀生态森林带、环新区绿化带和交通廊道绿化带，[3] 这凸显了雄安新区正通过大规模植被造林来防治污染，创造清洁干净的生态环境。另一方面，中央和河北省相关部门制定了一些防止污染的法规规范，为雄安新区的清洁环

---

[1] 《雄安新区立起绿色建筑》，载《人民日报》2018年7月14日，第10版。

[2] 习近平：《习近平谈治国理政》，外文出版社2014年版，第131页。

[3] "2019年雄安新区将实施20万亩植树造林工作"，新华网，2019年2月16日，http://www.xinhuanet.com/2019-02/16/c_1124123267.htm.

境建设，从法律制度上给予了必要的保证。

（二）特色

1. 绿色与科技融合

雄安新区不但重视绿色发展，而且提倡科技振兴，尤其将科技应用到绿色发展中，将二者结合起来，促进了新区自然与科技的快速融合。这对于创造新区的和谐环境，起到了积极的推动作用。绿色发展中加入一些科技元素，以及运用现代化的科技手段，不仅能够提高绿色发展的效率，还能加速其发展进程，从而达到事半功倍的效果。中国能建葛洲坝国际公司总经理吕泽翔表明，将超低能耗建筑以及节能环保相关技术运用到雄安新区建设中，在园区打造"5G科技"体系，为雄安新区的可持续发展作出贡献，[1] 这表明科技绿色的良好结合，正在新区付诸实践。2018年6月成立的雄安市民服务中心，就是将绿色发展理念和高新科技应用结合起来的智慧创新中心，并成为了新区内绿色科技融合的良好范例。这也将成为今后雄安新区的一大特色。

2. 生态与人文共生

生态建设，关系到雄安新区又好又快发展的成效，而人文建设，也是新区美丽发展的重要举措，二者之间的和谐共生，相互结合，融会贯通，将对新区城市规划和市政建设，起到积极的促进作用。习近平总书记多次强调，"绿水青山就是金山银山"，[2] 体现出生态建设的重要性，不仅关系到国家的健康发展，也是国家富强的重要财富，毕竟生态环境的好坏关系到人民的生活质量和身体健康，与民生问题直接相联。同时，人文精神，不仅有益于促进广大民众的心理健康，也能够展现国家的精神风貌，是一个民族团结进步的体现。雄安新区正在推进大学和研

---

❶ 吕泽翔："发挥技术优势 助力绿色雄安建设"，新华网，2019年10月8日，http://www.he.xinhuanet.com/talking/dhxa03/index.htm.

❷ 何毅亭：《以习近平同志为核心的党中央治国理政新理念新思想新战略》，人民出版社2017年版，第128页。

究基地的落户和建设，不但能够营造园区的学术氛围，而且能够培养新区的人文情怀，尤其是将人文因素融入到城市的规划设计中，彰显雄安新区富有清新的现代人文气息。因此，生态与人文的相互结合，给雄安新区的未来建设增添了生生不息的生态效应和人文特点。

3. 可持续

坚持可持续发展，形成人与自然和谐发展现代化建设新格局，❶ 反映出可持续发展无论对于生态环境保护，还是社会主义现代化建设，都具有重要的地位，并发挥着积极的作用。雄安新区不但是一个系统工程，而且是一个长期复杂的工程，因而要花费很长时间去建设。然而，雄安新区的建设成效，一方面有利于雄县、容城和安新等周边县域经济的发展，带动河北乃至华北经济板块的升级，另一方面能够为雄安周边环境营造美丽、和谐的氛围，在绿色科技融合的基础上，使雄安新区获得生机勃勃的发展局面。这不仅能够造福当地人，而且其建设成果能够满足子孙后代的需求。毕竟，雄安新区是一项伟大的工程，是"千年大计"，能够为国家区域经济的快速发展带来机遇，并创造良好的经济效益，产生积极的社会效应。从长远来看，作为京津冀协同发展的"加速器"，雄安新区必然能够得到北京和天津在人、财、物等方面的支持，使其能够持续和长期地产生效益，在环境保护、科技振兴、城市规划和财富创造等方面，为雄安新区周边和京津冀一体化的发展，发挥着持久的作用。

三、"雄安质量"的实施路径

世界眼光、国际标准、中国特色、高点定位，雄安新区稳稳地站在

---

❶ 中共中央文献研究室：《习近平关于社会主义经济建设论述摘编》，中央文献出版社 2017 年版，第 27 页。

了改革前沿,❶ 彰显出雄安新区高起点和高标准,成为改革开放进程中区域经济和城市建设的一个风向标。从现实情况来看,雄安新区建设是一项长期而艰巨的任务,不仅建设规模大,而且受关注度也较高,其质量成效至关重要。在这样的情况下,"雄安质量"要达到预期的目标,需要良好的实施路径,才能保证城市规划、工程建设、环境保护等诸多方面得以又好又快的发展。

(一) 完善顶层设计和相关法律法规

雄安新区建设是以习近平同志为核心的党中央提出的区域发展战略,因而要在"习近平新时代中国特色社会主义思想"的正确指导下,由中央统一部署,制定区域发展决策,做好城市合理规划。这不仅能够促进雄安新区在政策、方案、协调、环保和服务等多方面的顶层设计,而且能够保证新区朝着正确的发展方向前进,减少其中的浪费和避免"豆腐渣工程"的出现。此外,国家相关部门应制定符合雄安新区发展的法律法规,防止一些干扰或破坏雄安新区建设的不良事件出现,包括非法买卖土地房屋、破坏生态环境、扰乱市场秩序、危害公共安全等多项违法、违规活动,以确保雄安新区拥有安全稳定的发展空间。

(二) 建立便利发达的交通运输网络

雄安新区是以雄县、容城和安新三县为主,并向周围延伸的一个区域,在地理上位于河北省,但在距离上与保定、石家庄、北京和天津几处重要交通枢纽较近,因而加快雄安新区同这些城市的交通网络连接,对于新区的城市建设和对外联系,则显得尤为重要。一方面,雄安新区应加强交通基础设施建设,建立高速铁路和公路,并开辟白洋淀水上航线,使雄安新区在陆上和水上形成纵横交错的交通网络体系。这不仅能够使运行路线更加便利,而且也大大缩短了运输时间,对于提高客运和

---

❶ 张涵硕:"雄安故事",载《光明日报》2019年9月7日,第3版。

货运的效率和降低运输成本，起到了良好的作用。另一方面，新区应加快建设雄安机场，对于提高雄安地区的空中运输能力，推动新区同北京和天津乃至外部的国际航空运输对接，也能够发挥积极的促进作用。因此，加快新区在陆上、水上和空中的交通建设，建立互联互通的一体化网络体系，从而对雄安新区未来的城市规划建设和国际化发展产生巨大的推动力。

（三）拥有高度发达的现代化办公场所

雄安新区的重要特点是信息化和现代化，体现在新区工作中是要建立高效能的办公场所。这不但能够加快新区发挥非首都功能作用的进程，提高办公效率，而且对新区能够吸引高层次海内外人才，推进"引智工程"建设，以及新区整体的现代化发展，都发挥着显著的作用。从现实情况来看，包括 5G 在内的网络全覆盖、现代化的办公设施，以及餐饮、休闲与办公为一体的配套体系建设，都是雄安新区现代化办公所需要的软件和硬件设施。毕竟，雄安新区是现代化新区和城市一体化发展的"样板"。这样不仅能够为其他国家级新区建设带来一定的引领作用，还能够为雄安在推进京津冀一体化建设中展现出新的亮点。因此，雄安新区办公场所的信息化、现代化和人文化，必将为新区整体的高端和创新效果的提升，带来新的发展活力。

（四）建设丰富高效的教学科研基地

雄安新区建设的一个重要发展目标是打造未来的"智慧之城"。然而，雄安新区是教育资源布局的洼地，❶ 需要将北京和天津的教育资源引入新区。这不但要建立多所高端的的大学城，而且要建立学术研究基地，使雄安新区在教学和科研方面产生良好的效果，为北京、天津与河

---

❶ "雄安新区：优先发展现代化教育路径选择"，人民网，2018 年 5 月 29 日，http://edu. people. com. cn/n1/2018/0529/c1053-30020449. html.

北省的经济和社会发展，贡献更多的力量。目前，雄安大学正由北京大学牵头建设，而北京的多所名牌和重点高校也都将在雄安设立分部。这对于雄安新区的大学城建设，无疑起到了积极的推动作用，使新区学术化氛围得以不断提升。此外，中国科学院、中国社会科学院和清华大学等研究能力较强的科研院所，也在新区逐步建立科研基地，提高新区的科研含量，对于新区的研发和创新能力的提升，起到了重要的促进作用。一方面，雄安新区的建设和发展，需要高科技、高水平的支持，而高端的教学和科研能力在新区内的加强，能够加快新区科技成果的转化，有利于服务新区的长远发展。另一方面，教学和科研水平的快速提升，又能够推动雄安新区产学研的相互结合，从而为新区实现又好又快的发展，打下坚实的基础。

（五）形成开放共享的国际合作空间

雄安新区建设是国家大事，其定位是面向国际化，而不仅限于河北区域范围内。《中共中央 国务院关于支持河北雄安新区全面深化改革和扩大开放的指导意见》中强调，坚持全方位对外开放，支持雄安新区积极融入"一带一路"建设，打造层次更高、领域更广、辐射更强的开放型经济新高地，❶ 凸显雄安新区的对外开放程度将进一步加大。随着雄安新区规划和城市建设的推进，一些新的政策和方案也在不断制订和实施。这其中包括国际化的因素融入到新区开发和布局中，如国际金融、大数据、外国直接投资（FDI）、国际物流等方面的对接。在这样的情况下，雄安新区要加大对外开放的程度，拓展国际合作空间，在经济、贸易、科技、人才等多个方面，与海外展开合作。一方面，这能够促进雄安新区与美国、俄罗斯、日本和印度等国家的资源共享，有利于吸引外国先进技术和高端人才，为新区的现代化建设服务。另一方面，

---

❶ 《中共中央 国务院关于支持河北雄安新区全面深化改革和扩大开放的指导意见》，载《人民日报》2019 年 1 月 25 日，第 1 版。

雄安新区通过开展国际化合作，能够提升新区在地区乃至全球的影响力，对于未来"雄安品牌"建设打下基础，使世界上更多的国家和国际人士了解新区，不断扩大新区在国际社会中的影响力。习近平总书记指出，"中国开放的大门不会关闭，只会越开越大"，❶ 雄安新区将获得更多开放的机会。这将促进雄安新区未来的跨越式发展，使新区产生像深圳一样的国际化名牌效应，为中国区域经济的发展贡献应有的力量。

作为区域经济发展的一个"样板"，雄安新区在建设伊始就受到党中央的高度重视，其建设规模和未来愿景也受到社会的广泛关注。这就决定了雄安新区建设朝着"高起点、高质量、高科技"的方向迈进，既有深刻的内涵，也有重要的社会价值。一方面，新区的质量要高标准，遵循绿色发展理念，将新区打造成生态、人文、科技和现代为一体的城市新区，在城市规划和市政建设中要保持和谐与可持续的发展特色。另一方面，新区在生产和生活方面要坚持践行低碳理念，不仅要倡导节能，还要保护新区周边的环境，积极做好防治污染工作。因此，为达到良好的建设目标，新区应当完善顶层设计，制订相应的规章制度，使新区建设符合规范，保证其建设处于有序状态。同时，新区应大力加强交通网络建设，创建现代化的办公场所，并将教学科研基地纳入其中，使新区逐步成为"智慧之城"。此外，雄安新区应加强与国际化方面的对接，与一些国家和区域组织在多个领域内展开深层次合作，从而达到互利互惠的效果。

四、绿色发展的科学方案

遵循绿色发展理念，是雄安新区未来建设的目标之一。作为千年大计的国家级新区，雄安新区不仅要建设成具有世界影响力的国际一流超

---

❶ 中共中央宣传部：《习近平新时代中国特色社会主义思想学习纲要》，学习出版社，人民出版社 2019 年版，第 92-93 页。

级城市，还要成为清洁卫生、环境优美的宜居城市，为广大人民群众的生产生活提供服务。这就要求雄安新区在城市建设的过程中，要保护生态环境，推动雄安新区的长期健康和可持续发展。

（一）加大环境污染治理力度

雄安新区靠近北京和天津，这两个直辖市现代化程度相对比较高，包括工业废气和汽车尾气排放在内的大气污染，要比东南沿海和西部省份的大气污染严重，因此会影响到雄安新区的空气质量和水资源的清洁度。尤其是，雄安新区地处河北省境内，而河北省是工业大省，有很多大型企业位于河北省境内，包括电厂、水泥厂、化工厂、制药厂、钢铁厂等，经常会排出许多工业废气，导致河北省及周边地区的环境被污染。虽然近年来河北省人民政府加大了治理污染的力度，空气质量有了较大改善，但仍然存在一些污染源，对雄安新区的环境造成污染威胁。在这样的情况下，雄安新区在建设过程中，应加强环境污染的整治，包括关闭或转移一些污染严重的企业，净化被污染的河流，维护白洋淀生态水系，做好城市卫生的清洁工作，使雄安新区的环境变得更加优美怡人。从长远来看，雄安新区在环境保护方面应建立长效机制，加大环境污染的治理力度，确保雄安新区拥有清新、美丽的自然环境和社会环境。

（二）构筑生态网络保护体系

面对雾霾、沙尘暴、工业废气等污染源，可能对雄安新区的生态环境造成被污染的威胁，新区应加强植树造林工作，通过打造大面积的绿化带，来抵御外部污染源对雄安新区的大气污染。一方面，雄安新区在城市和周边地区建造多个绿化带，形成规模宏大的防护林。另一方面，雄安新区对于空气、水、土壤和林木进行净化和保护，制定相关的保护政策，积极构建生态网络保护体系。从现实情况来看，虽然雄安新区的生态网络在不断建设中，但这是一项长期而又艰巨的工作，不仅涉及的绿化面积大，而且需要进行的工作项目多，包括树木和草地的种植、白洋淀水系的维护、大气质量的监测等多个方面，都要花费很多时间，以及人力、物力和财力的大量投入。习近平总书记指出，要在防护林建设、水资源保护、水环境治理、清洁能源使用等领域完善合作机制，●体现出防护林、水系、能源等方面的建设、保护和治理，对建设超级城市群生态体系的重要性，对于城市及周边地区的生态环境保护，创造碧水蓝天的城市环境，具有重要的促进作用。

（三）加强新区环境保护宣传

雄安新区在进行生态建设的同时，应加强环境保护方面的宣传，不但要让广大民众了解环境保护的重要性，知晓破坏环境的危害性，而且要让人们树立长期的环境保护意识，使人们能够从自身做起，积极做好新区的环境保护工作。长期以来，一些地区的经济和社会在改革开放政策的正确指引下，得以快速发展。然而，有些地区在发展的过程中，并没有重视环境保护，忽视了当地的生态建设，使自然环境遭到了严重破坏。雄安新区作为新开发和建设的国家级新区，从一开始就要抓好环境保护工作，并让全区的建设者和居民在内的广大民众明白环境保护的重要性。因此，雄安新区的相关机构，应在全区进行宣传环境保护方面的法律法规和新区出台的相关政策，使人民群众自觉遵守环境保护方面的规章制度，不去破坏自然，并主动保护自然环境。因此，雄安新区党政办公室、生态环境局、规划建设局等相关单位，在环境保护方面应加大宣传力度，把雄安新区一些涉及环境保护的政策和法规，通过报纸、电视、广播和网络等多种方式，向广大群众进行宣传，使民众能够记在心里，并在现实中付诸行动，共同维护雄安新区良好的生态环境，从而形成人人遵守、美美与共的和谐宜居氛围。

● 中共中央文献研究室：《习近平关于社会主义经济建设论述摘编》，中央文献出版社 2017 年版，第 253 页。

（四）提倡绿色生产生活方式

从长远来看，雄安新区要达到可持续的目标，需要走节能环保型的发展道路，因而倡导绿色的发展模式，包括在生产生活方面的低碳节能，是新区在建设过程中所要采取的重要举措。《河北雄安新区规划纲要》中提出，要优化能源结构，推进资源节约和循环利用，推广绿色低碳的生产生活方式和城市建设运营模式，保护碳汇空间、提升碳汇能力，❶ 这体现雄安新区不仅要将节约能源作为其建设的重要内容，还要在生产生活中积极倡导低碳绿色的城市发展方式。一方面，雄安新区在生产方面，不仅要注重减排除污工作，关闭一些污染严重的企业，还要在生产中节约能源，以及新区内各部门的办公尽量节约资源，使新区成为低污染和节能的城市群。另一方面，雄安新区内的居民，采用低碳出行的生活方式，尽可能的乘坐公共交通，少开车，在生活中做到不浪费，最大限度地节约资源，不但能够减少污染，而且能够做到节约生活成本，使绿色的生活方式不断融入到新区的整个生活环境中。党中央、国务院对雄安新区的生态建设十分重视，明确提出要坚持生态优先、绿色发展，努力建设绿色低碳新区，❷ 这表明低碳环保的绿色发展方式，不仅是中央对雄安新区城市建设的要求，也是雄安新区自身科学发展的措施之一。

（五）出台生态环保法律法规

虽然国家在环境保护方面制定了相关政策，同时出台了一些法律法规，对防治污染和环境保护起到了很大作用。然而，雄安新区作为新启动建设的新区，尤其是具有很大社会影响力的国家级新区，对于生态建

---

❶ "河北雄安新区规划纲要"，新华网，2018 年 4 月 21 日，http://www.xinhuanet.com/politics/2018-04/21/c_1122720132_8.htm.

❷ "李干杰赴雄安新区调研并慰问大气污染综合治理强化监督工作人员"，中华人民共和国生态环境部网站，2018 年 11 月 15 日，http://www.mee.gov.cn/xxgk2018/xxgk/xxgk15/201811/t20181116_674025.html.

设和环境保护的标准和要求都比较高，因而制定适合于雄安新区生态环保的政策及相关法律规范，尤为重要。一方面，雄安新区建设的规模大，其城市覆盖的范围较广，包括雄县、容城和安新县及周边地区，因而需要保护的目标范围较大。这就要求雄安新区要有针对性的出台相关的法律法规，对于新区内的生态环境保护起到一定的保障作用。另一方面，雄安新区的环境保护工作涉及的内容较多，包括植被和土壤的保护、大气污染的防治、城市垃圾与污水的处理、白洋淀水系的维护等多个方面，这些环保措施都需要新区结合自身的发展特色和环境特点，制定相应的法律法规，以预防环境污染，并对造成污染的单位、组织和个人进行处罚。因此，雄安新区在环境保护方面加强法律法规上的制约，不但能够及时有效地预防和制止各种污染环境和破坏生态的不良行为，而且能够通过相关的立法和规定，对生态环境保护起到重要的保障作用，使雄安新区的生态环境保护建立长效机制，从而形成绿色科学发展的生态链。

（六）做好环境保护监督工作

雄安新区在进行生态建设的同时，应做好环境保护的监督工作。一方面，雄安新区管理委员会会同相关部门，督促检查制定的关于环境保护方面的政策落实情况。毕竟，这些环境保护方面的政策和法律法规，对于雄安新区的生态建设，以及绿色可持续发展进程来说，都发挥着重要的保障作用。另一方面，雄安新区的一些职能部门，包括生态环境局、安全监管局等部门，要经常对新区内的环境保护进行检查，包括对大气和水文的监测、对城市卫生的检查、对森林植被防护的监督以及废气污水处理的后续跟踪等。此外，雄安新区的一些单位，还需要对相关开展的环保工作情况进行监督，并建立定期检查的长效机制，使环境保护处于长期的有序状态中。环境保护部与河北省人民政府签署的《推进雄安新区生态环境保护工作战略合作协议》中提出，支持白洋淀流域环境整治、雄安新区生态保护与修复、区域污染协同防治、"三线一单"管控体系建设、监测和执法监管体系建设、环境安全防控体系建设、生态环境管理机制创新、绿色环保产业发展，● 对于雄安新区整体的生态保护，环境治理和相关工作的跟踪和监督，都发挥了重要作用。因此，做好环境保护监督工作，对雄安新区的生态建设，能够产生积极的影响。

由以上可以看出，"雄安质量"具有丰富的科学内涵和极高的社会价值，制订着低碳、节能、清洁的标准，在践行绿色和可持续的发展方式下，能够促进新区在未来的跨越式发展。因此，雄安新区在新发展理念的指导下，通过顶层设计和制定相应的法律法规，建设高度发达的交通网络，拥有现代化的办公环境，建立完善的教学科研基地以及打造开放共享的国际合作空间等措施，能够加快新区的发展进程。从现实情况来看，雄安新区需要坚持走绿色发展的道路，因而要做好生态环境保护工作，包括加大环境污染防治力度、构筑生态网络保护体系、开展环境保护宣传、出台相关环保法律法规，并做好环境保护的监督工作，建立长效机制，推动雄安新区得以又好又快的发展。

● "环境保护部与河北省人民政府签署《推进雄安新区生态环境保护工作战略合作协议》"，中华人民共和国中央人民政府网，2017 年 11 月 14 日，http://www.gov.cn/xinwen/2017-11/14/content_5239542.htm.

结　论

　　雄安新区地处河北省境内，地理位置靠近北京和天津，因其地理位置的特殊性，其设立无论对于缓解北京和天津的大城市压力，发挥非首都功能的作用，还是加快河北省的经济与社会发展，都具有重要的现实意义。北京和天津作为直辖市，经过多年的发展，已经成为高度发达的现代化大城市，但随着城市的规模化进一步发展，出现了"过胖"的"大城市病"。相对而言，河北省与北京市和天津市的经济发展水平还存在一定差距，出现了"过瘦"的发展现象。在这样的情况下，雄安新区成为推动北京、天津与河北之间的协同创新及一体化发展的重要平台，促使三地之间建立优势互补的关系。从实际情况来看，雄安新区作为千年大计、国家大事，得到了以习近平同志为核心的党中央的大力支持。雄安新区从一开始的选址和命名，到之后的规划和设计，再到初期的建设要求的提出，习近平总书记都亲自过问，不论实地考察，还是开论证会，始终高度重视雄安新区的建设和城市的发展，促使新区建设工程顺利开展。这体现出习近平总书记对京津冀一体化和城市群建设的指示精神，对雄安新区的建设布局，涉及规划设计、环境保护、机构设置、国际合作及可持续发展等方面，都给予了重要的指导。

习近平总书记在党的十八届五中全会第二次全体会议上，明确提出了新时期促进中国经济和社会发展的"新发展理念"，包括创新、协同、绿色、开放和共享，其内涵丰富、意义深刻，对包括雄安新区在内的超级城市群的发展，具有重要的指导作用。作为未来的超级城市群，雄安新区不但要遵循创新的理念去建设，突出科学、智慧的发展方式，而且要加强京津冀以及国内外其他城市的协同创新与合作发展。从目前情况来看，雄安新区保持着良好的发展趋势，规划和建设的政策不断落实，相关的管理机构的合理设置，建设进程在不断加快，交通网络的科学布局，生态和环境保护日益得到强化，高层次人才队伍的不断壮大，使新区的建设整体上得到了有序推进。随着国家重视程度的提高，雄安新区建设也迎来了良好的发展机遇，包括"十四五"规划的支持，中央提出的新发展理念的指导、国家出台的相关政策的激励、习近平总书记的关心、京津冀一体化的联动发展，以及对外开放程度的不断提高，都对雄安新区的发展起到了良好的促进作用。然而，由于雄安新区正处于开工建设阶段，自然存在一些瓶颈，诸如资金的筹措问题、各方协同配合的力度问题、高层次人才队伍缺乏问题、国际合作力量的支持性问题等，给雄安新区的未来建设带来了一定的挑战，在一定程度上制约着新区又好又快的发展。

面对发展中存在的薄弱环节，雄安新区在"习近平中国特色社会主义思想"的正确指导下，狠抓全区内的经济发展，促进城市规划朝着更加合理的方向迈进，加强大气污染防治和环境保护，不断推进智慧城市和人文城市建设，有力促进雄安新区的可持续发展，为子孙后代造福。为达到未来建设的目标，雄安新区应根据习近平总书记提出的"高质量、绿色发展"的指示精神，在质量、规模、效益和低碳环保的绿色发展上下大功夫。从实际情况来看，"雄安质量"具有丰富的科学内涵和良好的社会价值，并遵循绿色发展的理念，包括低碳全覆盖、节能效率高、清洁无污染，体现出绿色与科技融合、生态与人文共生、可持续的发展特色，使雄安新区无论在建设的质量方面，还是产生的社会效益方面，都具有较高的标准和社会价值。从雄安新区的建设全局来看，首先要抓好"雄安质量"这根弦，要采取相应的措施，积极做好雄安新区的高质量建设。因此，雄安新区应不断完善顶层设计和相关的法律法规，建立四通发达的交通运输网络，创建高度发达的现代化办公场所，建设丰富高效的教学科研基地，并创造开放的国际合作空间，使参与合作的各方都能够达到对新区资源的共享。

从客观角度来看，雄安新区在进行高质量建设的同时，应注重绿色发展的理念，倡导低碳环保的生产和生活方式，积极制订绿色发展的科学方案，使雄安新区这座现代化城市群散发出蓬勃的生机和活力。基于此，雄安新区在建设过程中，在环境污染方面应加大治理力度，主动构建生态网络保护体系，做好环境保护的宣传工作，在全区倡导绿色科学的生产和生活方式，由相关部门出台一些适合生态环境保护方面的法律法规，并积极做好环境保护方面的监督检查工作，使雄安新区的生态建设和绿色发展形成一种长效机制。雄安新区作为千年大计、国家大事，无论对于河北省的经济快速发展，还是京津冀一体化建设的推进，尤其是发挥非首都功能的作用，都能够产生重要的影响。未来，雄安新区将在"习近平新时代中国特色社会主义思想"的正确指导下，在党的十九大关于区域经济发展和现代城市群建设的精神引领下，践行新发展理念，发挥京津冀协同发展的特色功能和地域优势，努力推进雄安新区朝着又好又快的方向发展，为区域乃至全国的经济发展贡献力量，造福人民群众和子孙后代。

参考文献

一、著作

[1] 北京大学马克思主义学院，北京大学习近平新时代中国特色社会主义思想研究院，北京大学五四运动研究中心. 北大人的初心和使命（1919—2019）［M］. 北京：北京大学出版社，2020.

[2] 邬晓霞. 北京城市治理与京津冀区域市场一体化研究［M］. 北京：首都经济贸易大学出版社，2021.

[3] 山东省财政学会，山东省中青年财政理论研究会. 财政与社会主义新农村建设［M］. 北京：经济科学出版社，2007.

[4] 程光华，翟刚毅，庄育勋，等. 城市地质与城市可持续发展［M］. 北京：科学出版社，2021.

[5] 黄群惠，贺俊，杨超. 创新发展理念与创新型国家建设［M］. 广州：广东经济出版社有限公司，2020.

[6] 仲计水. 从三位一体到四位一体：社会主义经济政治文化社会建设的总体布局［M］. 北京：人民出版社，2008.

[7] 北京大学习近平新时代中国特色社会主义思想研究院. 大局：知名学者共论中国新发展［M］. 北京：中共中央党校出版社，2020.

［8］ 教育部习近平新时代中国特色社会主义思想研究中心. 读懂中国共产党的思维方式［M］. 北京：党建读物出版社，2020.

［9］ 赵雅沁，石冀平. 对社会主义意识形态建设的经济学思考［M］. 北京：中国广播电视出版社，2016.

［10］ 潘玉腾. 感知新时代——习近平新时代中国特色社会主义思想"进头脑"大学生实践心得［M］. 上海：上海远东出版社，2020.

［11］ 上海市习近平新时代中国特色社会主义思想研究中心，上海市中国特色社会主义理论体系研究中心. 高扬马克思主义旗帜［M］. 上海：上海人民出版社，2019.

［12］ 中国特色社会主义经济建设协同创新中心. 供给侧结构性改革［M］. 北京：经济科学出版社，2016.

［13］ 蔡昉，张晓晶. 构建新时代中国特色社会主义政治经济学［M］. 北京：中国社会科学出版社，2019.

［14］ 克里斯·拉兹洛，等. 国际可持续发展百科全书：可持续发展的商业性［M］. 赵旭，周伟民，译. 上海：上海交通大学出版社，2017.

［15］ 伊恩·斯佩勒博格，等. 国际可持续发展百科全书：可持续性的度量、指标和研究方法［M］. 周伟丽，孙承兴，王文华，等译. 上海：上海交通大学出版社，2017.

［16］ 河北雄安新区规划纲要读本编写组. 河北雄安新区规划纲要读本［M］. 北京：人民出版社，2018.

［17］ 本书编写组. 河北雄安新区解读［M］. 北京：人民出版社，2017.

［18］ 马光，等. 环境与可持续发展导论［M］. 北京：科学出版社，2020.

［19］ 王诺，宋涛，臧春鑫. 基于"两山论"的中国经济社会可持续发展评价 2019—2020［M］. 北京：经济日报出版社，2021.

［20］ 郭亦玮，宋晓华. 基于可持续发展观的电源投资综合效益评价［M］. 北京：应急管理出版社，2012.

［21］ 陶爱祥. 基于循环经济的社会主义新农村建设问题研究［M］. 南京：

东南大学出版社，2009.

[22] 丛书编写组. 加强社会公共服务体系建设［M］. 北京：中国市场出版社，2020.

[23] 李培林. 坚持以人民为中心的新发展理念［M］. 北京：中国社会科学出版社，2019.

[24] 中共广东省委宣传部，广东省习近平新时代中国特色社会主义思想研究中心. 见证：我们的70年［M］. 广州：广东教育出版社，2019.

[25] 裴小革. 建设的经济学：马克思主义经济学中国化研究［M］. 北京：中国社会科学出版社，2011.

[26] 汤虹玲. 建设有佛山特色的社会主义新村镇的理论与实践［M］. 北京：经济管理出版社，2009.

[27] 罗国杰. 建设与社会主义市场经济相适应的思想道德体系［M］. 北京：人民出版社，2011.

[28] 鲁琳. 建设与社会主义市场经济相适应的思想道德体系［M］. 北京：红旗出版社，2013.

[29] 胡家勇，王立胜. 建设中国特色社会主义政治经济学话语体系［M］. 山东：济南出版社，2019.

[30] 中共中央宣传部. 习近平新时代中国特色社会主义思想三十讲［M］. 北京：学习出版社，2018.

[31] 武群丽，胡澜. 京津冀产业复杂网络特征与重构研究［M］. 北京：经济管理出版社，2018.

[32] 田学斌. 京津冀产业协同发展研究［M］. 北京：中国社会科学出版社，2019.

[33] 叶振宇. 京津冀产业转移协作研究［M］. 北京：中国社会科学出版社，2018.

[34] 北京市住房和城乡建设委员会，天津市住房和城乡建设委员会，河北省住房和城乡建设厅. 京津冀超低能耗建筑发展报告·2019［M］. 北

京：中国建材工业出版社，2020.

［35］文余源，等. 京津冀城市群产业分工协作与产业转移研究［M］. 北京：经济管理出版社，2020.

［36］陈红军. 京津冀创新资源配置研究［M］. 北京：经济管理出版社，2019.

［37］郝吉明. 京津冀大气复合污染防治：联发联控战略及路线图［M］. 北京：科学出版社，2017.

［38］高桂林. 京津冀大气污染联合防治法律机制研究［M］. 北京：法律出版社，2021.

［39］吴良镛. 京津冀地区城乡空间发展规划研究三期报告［M］. 北京：清华大学出版社，2013.

［40］梁毅，牛东晓. 京津冀地区电能替代潜力预测及优化管理［M］. 北京：中国电力出版社，2020.

［41］赵桐，宋之杰，马红. 京津冀地区装备制造业产业升级研究——基于双重价值链的视角［M］. 北京：经济管理出版社，2019.

［42］郭晓鹏，杨晓宇，任东方，等. 京津冀多种能源低碳协同发展研究［M］. 北京：中国水利水电出版社，2019.

［43］郭斌. 京津冀高科技产业园区协同创新路径——基于亚太技术共生战略视角［M］. 北京：经济管理出版社，2018.

［44］刘强. 京津冀国家级开发区产业发展环境研究［M］. 北京：首都经济贸易大学出版社，2017.

［45］尹志超. 京津冀惠普金融调查报告［M］. 北京：首都经济贸易大学出版社，2018.

［46］孙善学，吴霜，杨蕊竹. 京津冀教育协同发展战略研究［M］. 北京：首都经济贸易大学出版社，2017.

［47］王爱俭，李向前. 京津冀金融蓝皮书：京津冀金融发展报告（2015）［M］. 北京：社会科学文献出版社，2016.

［48］王爱俭，杨兆廷，郭红. 京津冀金融蓝皮书：京津冀金融发展报告

（2019）［M］. 北京：社会科学文献出版社，2020.

［49］马立平，池宇，刘强，等. 京津冀开发区产业协同发展研究［M］. 北京：首都经济贸易大学出版社，2019.

［50］李军凯，等. 京津冀科技创新园区链构建模式与路径研究［M］. 北京：科学出版社，2020.

［51］陈尊厚，闫东彬，赵蔚蔚. 京津冀科技金融发展报告［M］. 北京：经济科学出版社，2019.

［52］文魁，祝尔娟. 京津冀蓝皮书：京津冀发展报告（2016）［M］. 北京：社会科学文献出版社，2016.

［53］邹统钎. 京津冀旅游"枢纽——目的地"协同发展："一带一路"背景下京津冀旅游一体化战略研究［M］. 北京：旅游教育出版社，2019.

［54］金红莲. 京津冀民歌津要［M］. 秦皇岛：燕山大学出版社，2019.

［55］王志亮. 京津冀企业的环境价值观·影响因素·行为效果研究［M］. 北京：中国政法大学出版社，2020.

［56］王志亮，吴伟容. 京津冀企业环境行为的驱动因素·综合评价·市场反应研究［M］. 北京：中国政法大学出版社，2020.

［57］高光新. 京津冀清代方言词与《红楼梦》的关系［M］. 北京：中国社会科学出版社，2019.

［58］刘广明，尤晓娜. 京津冀区际生态补偿制度构建［M］. 北京：法律出版社，2018.

［59］崔志新. 京津冀区域技术创新协同度测评及其提升要素研究［M］. 北京：经济管理出版社，2019.

［60］户艳玲，等. 京津冀区域科技创新指数构建与协同度测度研究［M］. 北京：科学出版社，2020.

［61］孟庆瑜. 京津冀区域生态环境协同治理政策法律问题研究［M］. 北京：人民出版社，2020.

［62］闫志军. 京津冀区域一体化视阈下河北高等教育发展战略研究［M］.

北京：中国社会科学出版社，2016.

［63］马海龙. 京津冀区域治理：协调机制与模式［M］. 南京：东南大学出版社，2014.

［64］鄢圣文. 京津冀人才一体化发展战略［M］. 北京：中国经济出版社，2016.

［65］李宁. 京津冀生产性服务业与制造业协同发展研究［M］. 北京：经济科学出版社，2019.

［66］陆小成. 京津冀世界级城市群雾霾治理与低碳协同发展研究［M］. 北京：中国经济出版社，2018.

［67］郭茜，周丽. 京津冀物流一体化发展统计测度与评价研究［M］. 北京：经济管理出版社，2019.

［68］庄贵阳，郑燕，周伟铎，等. 京津冀雾霾的协同治理与机制创新［M］. 北京：中国社会科学出版社，2018.

［69］吴妍. 京津冀雾霾治理路径研究［M］. 杭州：浙江大学出版社，2020.

［70］王书肖，华阳，常兴，等. 京津冀细颗粒物相互输送及对空气质量的影响［M］. 北京：科学出版社，2019.

［71］徐虹，杨德进，于海波. 京津冀乡村旅游振兴生态开发方略研究［M］. 北京：中国旅游出版社，2020.

［72］刘振忠. 京津冀协同创新创业型体育人才培养研究［M］. 上海：复旦大学出版社，2016.

［73］连玉明. 京津冀协同发展：新理念新战略新模式［M］. 北京：当代中国出版社，2017.

［74］京津冀协同发展领导小组办公室. 京津冀协同发展报告（2019年）［M］. 北京：中国市场出版社，2020.

［75］刘小妹. 京津冀协同发展背景下首都立法问题研究［M］. 北京：中国社会科学出版社，2020.

［76］叶堂林，祝尔娟. 京津冀协同发展的战略重点研究［M］. 北京：社会

科学文献出版社，2021.

[77] 朱伟，沈芮伊，范茹芝，等. 京津冀协同发展过程中的邻避风险防范研究 [M]. 北京：化学工业出版社，2019.

[78] 齐子翔. 京津冀协同发展机制设计 [M]. 北京：社会科学文献出版社，2015.

[79] 张福兴. 京津冀协同发展理论研究与实践探索 [M]. 保定：河北大学出版社，2017.

[80] 冯玉军. 京津冀协同发展立法研究 [M]. 北京：法律出版社，2019.

[81] 叶堂林，祝尔娟，王雪莹. 京津冀协同发展研究的历史、现状与趋势 [M]. 北京：社会科学文献出版社，2020.

[82] 孟庆瑜，陆洲. 京津冀协同发展与地方立法问题研究 [M]. 北京：法律出版社，2019.

[83] 陶品竹. 京津冀协同发展与区域法治建设研究 [M]. 北京：中国政法大学出版社，2018.

[84] 中国社会科学院京津冀协同发展智库京津冀协同发展指数课题组. 京津冀协同发展指数报告 (2020) [M]. 北京：中国社会科学出版社，2020.

[85] 张慧毅. 京津冀一体化背景下天津产业发展战略研究 [M]. 北京：经济科学出版社，2021.

[86] 河北省语言文字工作委员会办公室. 京津冀语言文字工作调研：运河文化带调研报告 [M]. 保定：河北大学出版社，2019.

[87] 王凤鸣，袁刚. 京津冀政府协同治理机制创新研究 [M]. 北京：人民出版社，2018.

[88] 中共中央组织部. 贯彻落实习近平新时代中国特色社会主义思想在改革发展稳定中攻坚克难案例·经济建设 [M]. 北京：党建读物出版社，2019.

[89] 高丽楠. 九寨沟湖泊生态环境保护与旅游可持续发展研究 [M]. 成都：四川大学出版社，2021.

［90］王裔艳. 居家养老机构可持续发展探索——上海社区助老服务社实证研究［M］. 北京：中国政法大学出版社，2020.

［91］乔翠霞. 可持续发展背景下我国农业补贴社会绩效研究［M］. 北京：中国社会科学出版社，2018.

［92］韩英. 可持续发展的理论与测度方法［M］. 北京：中国建筑工业出版社，2007.

［93］崔亚军，梁启斌，赵由才. 可持续发展：低碳之路［M］. 北京：冶金工业出版社，2012.

［94］李永峰，乔丽娜，张洪. 可持续发展概论［M］. 哈尔滨：哈尔滨工业大学出版社，2013.

［95］齐恒. 可持续发展概论［M］. 南京：南京大学出版社，2011.

［96］牛文元，等. 可持续发展管理学［M］. 北京：科学出版社，2016.

［97］龚胜生，敖荣军. 可持续发展基础［M］. 北京：科学出版社，2009.

［98］杜越. 可持续发展教育丛书：可持续发展教育实施指南③中小学校如何开展世界遗产教育［M］. 北京：教育科学出版社，2012.

［99］马蔚华，宋志平. 可持续发展蓝皮书：A 股上市公司可持续发展价值评估报告（2020）［M］. 北京：社会科学文献出版社，2021.

［100］马蔚华. 可持续发展蓝皮书：A 股上市公司可持续发展价值评估报告（2019）［M］. 北京：社会科学文献出版社，2020.

［101］王军，郭栋，郝建彬. 可持续发展蓝皮书：中国可持续发展评价报告（2018）［M］. 北京：社会科学文献出版社，2018.

［102］宋宇辰，孟海东，张璞. 可持续发展能源需求系统建模研究［M］. 北京：冶金工业出版社，2013.

［103］李兆华. 可持续发展实验区建设研究——大冶市案例［M］. 吉林：吉林大学出版社，2019.

［104］宋书巧，覃玲玲，覃春烨. 可持续发展实验区研究——以广西为例［M］. 北京：经济科学出版社，2016.

［105］吴志强，王雁. 可持续发展为导向的大学蓝皮书［M］. 上海：同济大学出版社，2016.

［106］韩欲立. 可持续发展与生态文明［M］. 天津：天津人民出版社，2019.

［107］周海林. 可持续发展原理［M］. 北京：商务印书馆，2004.

［108］严良，武剑，孙理军. 矿产资源密集型区域可持续发展研究——基于生态创新系统的视角［M］. 北京：人民出版社，2020.

［109］韩布兴，刘会贞，吴天斌. 绿色化学与可持续发展［M］. 北京：科学出版社，2020.

［110］彭苏萍，张博，王佟，等. 煤炭资源可持续发展战略研究［M］. 北京：煤炭工业出版社，2015.

［111］孙祥和. 民营企业可持续发展研究——以义乌为例［M］. 杭州：浙江大学出版社，2015.

［112］王龙昌. 农业可持续发展理论与实践［M］. 北京：科学出版社，2015.

［113］赵曙明，刘洪，刘春林. 企业可持续发展研究：全球经济一体化与信息网络化［M］. 南京：南京大学出版社，2014.

［114］张福俭. 千年大计——新发展理念下的雄安新区［M］. 北京：中国言实出版社，2017.

［115］联合国经济和社会事务部. 全球可持续发展报告（2016）［M］. 上海社会科学院信息研究所，译. 上海：上海社会科学院出版社，2018.

［116］中央党校习近平新时代中国特色社会主义思想研究中心. 融点：党员干部学习贯彻习近平新时代中国特色社会主义思想中普遍关心的热点难点问题解析（2020）［M］. 北京：中共中央党校出版社，2020.

［117］谷上礼，霍承禹，朱鸿. 如何用好雄安新区的水［M］. 北京：地质出版社，2018.

［118］卫兴华. 社会主义初级阶段理论与实践——经济建设卷［M］. 北京：

经济科学出版社，2017.

[119] 李景治，蒲国良. 社会主义建设理论与实践（第三版）［M］. 北京：中国人民大学出版社，2014.

[120] 张贯一. 社会主义经济建设的历史、理论与实践［M］. 北京：中国社会科学出版社，2007.

[121] 高红贵. 社会主义生态文明建设与绿色经济发展论［M］. 北京：经济科学出版社，2020.

[122] 李连仲. 社会主义新农村建设的理论和实践［M］. 北京：经济科学出版社，2007.

[123] 人民日报理论部. 深刻把握习近平新时代中国特色社会主义思想的精髓［M］. 北京：人民日报出版社，2019.

[124] 人民日报理论部. 深入学习贯彻习近平新时代中国特色社会主义思想［M］. 北京：人民日报出版社，2018.

[125] 罗佐县. 石油公司可持续发展研究［M］. 北京：中国石化出版社，2016.

[126] 上海市习近平新时代中国特色社会主义思想研究中心，上海市中国特色社会主义理论体系研究中心. 始终走在时代前列［M］. 上海：上海人民出版社，2019.

[127] 李维明，何凡. 水安全及其治理综合策略研究——以河北雄安新区为例［M］. 北京：中国发展出版社，2019.

[128] 叶永烈. 他影响了中国：陈云［M］. 北京：天地出版社，2019.

[129] 邓爱民，卢俊阳. 文旅融合中的乡村旅游可持续发展研究［M］. 北京：中国财政经济出版社，2020.

[130] 河北雄安新区管理委员会公共服务局. 我们雄安：雄安新区新市民教育培训读本［M］. 北京：中国劳动社会保障出版社，2020.

[131] 中共中央文献研究室. 习近平关于社会主义经济建设论述摘编［M］. 北京：中央文献出版社，2017.

［132］卜宪群. 习近平新时代治国理政的历史观［M］. 北京：中国社会科学出版社，2019.

［133］中共中央党校（国家行政学院）. 习近平新时代中国特色社会主义思想基本问题［M］. 北京：人民出版社，中共中央党校出版社，2020.

［134］中共中央宣传部. 习近平新时代中国特色社会主义思想三十讲［M］. 北京：学习出版社，2018.

［135］王伟光，谢伏瞻，王京清，等. 习近平新时代中国特色社会主义思想学习丛书［M］. 北京：中国社会科学出版社，2019.

［136］中共中央宣传部. 习近平新时代中国特色社会主义思想学习纲要（标准版）［M］. 北京：学习出版社，人民出版社，2019.

［137］中共中央党史和文献研究院. 习近平新时代中国特色社会主义思想学习论丛（第1—5辑）［M］. 北京：中央文献出版社，2020.

［138］中共中央宣传部. 习近平新时代中国特色社会主义思想学习问答［M］. 北京：学习出版社，人民出版社，2021.

［139］中共中央党史和文献研究院. 毛泽东、邓小平、江泽民、胡锦涛关于中国共产党历史论述摘编［M］. 北京：中央文献出版社，2021.

［140］张宇燕. 习近平新时代中国特色社会主义外交思想研究［M］. 北京：中国社会科学出版社，2019.

［141］陈烈，魏成，范建红，等. 县域可持续发展规划的理论与实践［M］. 北京：科学出版社，2011.

［142］任丽梅. 新发展理念［M］. 北京：人民日报出版社，2020.

［143］中共中央组织部干部教育局，国务院扶贫办政策法规司，国务院扶贫办全国扶贫宣传教育中心. 新发展理念案例选：脱贫攻坚［M］. 北京：党建读物出版社，2017.

［144］中共中央组织部干部教育局，国务院扶贫办政策法规司，国务院扶贫办全国扶贫宣传教育中心. 新发展理念案例选·创新发展［M］. 北京：党建读物出版社，2019.

［145］中共中央组织部干部教育局，国务院扶贫办政策法规司，国务院扶贫办全国扶贫宣传教育中心. 新发展理念案例选·共享发展［M］. 北京：党建读物出版社，2019.

［146］中共中央组织部干部教育局，国务院扶贫办政策法规司，国务院扶贫办全国扶贫宣传教育中心. 新发展理念案例选·开放发展［M］. 北京：党建读物出版社，2019.

［147］中共中央组织部干部教育局，国务院扶贫办政策法规司，国务院扶贫办全国扶贫宣传教育中心. 新发展理念案例选·领航中国［M］. 北京：党建读物出版社，2017.

［148］中共中央组织部干部教育局，国务院扶贫办政策法规司，国务院扶贫办全国扶贫宣传教育中心. 新发展理念案例选·绿色发展［M］. 北京：党建读物出版社，2019.

［149］中共中央组织部干部教育局，国务院扶贫办政策法规司，国务院扶贫办全国扶贫宣传教育中心. 新发展理念案例选·协调发展［M］. 北京：党建读物出版社，2019.

［150］中央嘉善县委. 新发展理念的嘉善实践［M］. 北京：中国社会科学出版社，2018.

［151］彭伟. 新发展理念的实践价值与理论研读［M］. 北京：群言出版社，2019.

［152］龙海波. 新发展理念的政策思考与实践［M］. 北京：中国社会科学出版社，2019.

［153］王红霞. 新发展理念方法论研究［M］. 北京：中国社会科学出版社，2020.

［154］洪向华，周学馨. 新发展理念公务员读本［M］. 北京：中国人事出版社，2016.

［155］彭飞. 新发展理念下的我国增值税改革：效果、机理和前景［M］. 北京：经济科学出版社，2019.

[156] 钱小军, 周剑. 新发展理念下绿色低碳转型与机制创新: 清华大学绿色经济与可持续发展研究中心政策研究报告 2019 [M]. 北京: 清华大学出版社, 2021.

[157] 王全在. 新发展理念下人力资源管理的发展与创新 [M]. 西安: 西北工业大学出版社, 2020.

[158] 刘志云, 等. 新发展理念下中国金融机构社会责任立法问题研究 [M]. 北京: 法律出版社, 2019.

[159] 洪银兴. 新发展理念研究丛书·创新发展 [M]. 南京: 江苏人民出版社, 2016.

[160] 王庆五. 新发展理念研究丛书·共享发展 [M]. 南京: 江苏人民出版社, 2016.

[161] 张二震. 新发展理念研究丛书·开放发展 [M]. 南京: 江苏人民出版社, 2016.

[162] 刘德海. 新发展理念研究丛书·绿色发展 [M]. 南京: 江苏人民出版社, 2016.

[163] 蒋伏心. 新发展理念研究丛书·协调发展 [M]. 南京: 江苏人民出版社, 2016.

[164] 林崇建. 新发展理念引领城市高质量发展——2019 宁波发展研究报告 [M]. 北京: 中国发展出版社, 2020.

[165] 林崇建. 新发展理念引领名城名都建设——2017 宁波发展研究报告 [M]. 北京: 中国发展出版社, 2018.

[166] 齐海梅. 新发展理念与老年医疗养老服务 [M]. 北京: 国家行政学院出版社, 2016.

[167] 陈文江, 周亚平. 新发展理念与全面建成小康社会. 中国社会学会学术年会获奖论文集 (2016·兰州) [M]. 北京: 社会科学文献出版社, 2017.

[168] 上海市经济学会. 新发展理念与全面深化改革: 理论研究和政策选择

［M］．上海：格致出版社，2017.

［169］陈光金，张翼．新发展理念与社会治理现代化［M］．北京：社会科学文献出版社，2018.

［170］公丕祥．新发展理念与中国法治现代化［M］．北京：法律出版社，2017.

［171］朱宗友，朱振辉，李全文．新发展理念在安徽的生动实践研究［M］．天津：天津人民出版社，2020.

［172］李鹏．新发展理念指引下的人口与经济发展方式问题研究［M］．北京：人民出版社，2019.

［173］焦扬主编，陈学明，李冉，等．新时代的历史大视野［M］．上海：上海人民出版社，2019.

［174］上海市习近平新时代中国特色社会主义思想研究中心，上海市中国特色社会主义理论体系研究中心．新时代强国道路［M］．上海：上海人民出版社，2020.

［175］顾保国．新时代新发展理念要览［M］．天津：天津人民出版社，2020.

［176］肖华平，周利生．新时代新思想新征程：第一届江西省大学生学习习近平新时代中国特色社会主义思想交流会论文集［M］．北京：红旗出版社，2019.

［177］上海市习近平新时代中国特色社会主义思想研究中心，上海市中国特色社会主义理论体系研究中心．新时代中国国家治理现代化的多学科思考［M］．上海：上海人民出版社，2020.

［178］上海市习近平新时代中国特色社会主义思想研究中心，上海市中国特色社会主义理论体系研究中心．新时代中华民族前进的根本方向［M］．上海：上海人民出版社，2019.

［179］范周．新使命 新理念 新模式：雄安新区发展研究报告（第一卷）［M］．北京：知识产权出版社，2017.

［180］中央党校（国家行政学院）习近平新时代中国特色社会主义思想研究

中心. 新征程：党员干部如何读懂"十四五"［M］. 北京：中共中央党校出版社，2021.

［181］李庆萍，何德旭，常戈，等. 雄安金融蓝皮书：雄安新区金融发展报告（2019）［M］. 北京：社会科学文献出版社，2019.

［182］彭秀良，马景文. 雄安新区：地理、历史与文化［M］. 上海：华东理工大学出版社，2019.

［183］韩立新，王秋菊，张京京，等. 雄安新区传播与发展研究报告（2018年卷）［M］. 上海：复旦大学出版社，2019.

［184］王胜三，张清华，等. 雄安新区村落地名录［M］. 北京：人民出版社，2018.

［185］范周. 雄安新区发展研究报告（第二卷）［M］. 北京：知识产权出版社，2017.

［186］范周. 雄安新区发展研究报告（第六卷）［M］. 北京：知识产权出版社，2020.

［187］范周. 雄安新区发展研究报告（第三卷）［M］. 北京：知识产权出版社，2017.

［188］范周. 雄安新区发展研究报告（第四卷）［M］. 北京：知识产权出版社，2018.

［189］范周. 雄安新区发展研究报告（第五卷）［M］. 北京：知识产权出版社，2018.

［190］雄安绿研智库有限公司. 雄安新区绿色发展报告（2017—2019）——新生城市的绿色初心［M］. 北京：中国城市出版社，2020.

［191］河北雄安新区管理委员会公共服务局. 我们雄安：雄安新区新市民教育培训读本［M］. 北京：中国劳动社会保障出版社，2020.

［192］国家发展改革委. 学习贯彻习近平新时代中国特色社会主义经济思想做好"十四五"规划编制和发展改革工作系列丛书［M］. 北京：中国计划出版社，中国市场出版社，2020.

［193］李智勇. 学习习近平新时代中国特色社会主义思想坚定不移推动全面从严治党向纵深发展［M］. 北京：党建读物出版社，2018.

［194］练丽娟，叶丽娜，郭景扬. 学校可持续发展之路：学校发展规划的制定与实例［M］. 上海：学林出版社，2009.

［195］陈辉. 中国保险业可持续发展报告2020［M］. 北京：中国经济出版社，2021.

［196］韩传峰，何芳. 中国城市可持续发展绿皮书——中国35个大中城市可持续发展评估（2017—2018）［M］. 上海：同济大学出版社，2020.

［197］陈佳贵. 中国经济体制改革报告2012：建设成熟的社会主义市场经济体制［M］. 北京：经济管理出版社，2012.

［198］李永峰，乔丽娜，张洪. 中国可持续发展概论［M］. 北京：化学工业出版社，2014.

［199］任军. 中国可持续发展问题研究［M］. 北京：中国农业科学技术出版社，2019.

［200］李楠. 中国奇迹 中国道路 中国模式——中国特色社会主义经济建设［M］. 武汉：武汉大学出版社，2014.

［201］李建桥. 中国社会主义新农村建设模式研究［M］. 北京：经济科学出版社，2017.

［202］龙小宁，靳涛，赵建，等. 中国特色社会主义法治经济建设［M］. 北京：经济科学出版社，2018.

［203］王广信. 中国特色社会主义经济建设［M］. 北京：中共中央党校出版社，2006.

［204］逢锦聚. 中国特色社会主义经济建设协同创新中心成果要报（2018）［M］. 北京：经济科学出版社，2020.

［205］汪立峰. 中国特色社会主义经济建设研究［M］. 北京：中国人民大学出版社，2017.

［206］梅德英，王爱君，王金钟. 中国特色社会主义民主政治建设辅导读本

　　　　［M］. 北京：中国经济出版社，2014.

［207］丁胜利，张丹，吴刚. 中国特色社会主义市场经济建设辅导读本
　　　　［M］. 北京：中国经济出版社，2015.

［208］中共北京市委党校马克思主义研究中心. 中国现代化经济体系建设理
　　　　论与实践［M］. 北京：中国社会科学出版社，2019.

［209］国家行政学院编写组. 中国新发展理念［M］. 北京：人民出版
　　　　社，2016.

［210］陈锡文，魏后凯，宋亚平. 走中国特色社会主义乡村振兴道路［M］.
　　　　北京：中国社会科学出版社，2019.

二、论文

［1］阿曼古丽·麦麦提敏. 习近平新时代中国特色社会主义思想在大学生中
　　　的大众化探析［J］. 党史博采（下），2021（2）.

［2］安会静，李春丽. 京津冀晋重点监控用水单位监督管理工作浅析［J］.
　　　河北水利，2020（12）.

［3］奥海锋. 贯彻新发展理念，推进数智化转型，实现"十四五"改革发展
　　　高质量开局——中航电测召开2021年工作会暨十届一次职工代表大会
　　　［J］. 衡器，2021（2）.

［4］白杨. 马克思剩余价值理论对我国新时代经济建设的启示［J］. 广西教
　　　育学院学报，2019（4）.

［5］白烨. 区域资源配置改善与流通业发展——以京津冀为例［J］. 商业经
　　　济研究，2021（2）.

［6］白勇，孟鼎博. 沈阳＆北京 从东北振兴到京津冀协同发展［J］. 东北
　　　之窗，2021（1）.

［7］卜洪运，娄童童. 京津冀制造业集群协同效应对区域经济增长的影响研
　　　究［J］. 燕山大学学报（哲学社会科学版），2021（1）.

［8］蔡静雯. 习近平新时代中国特色社会主义思想的哲学分析［J］. 经济研

究导刊，2021（6）.

［9］蔡小菊. 新时代坚持和发展中国特色社会主义的理论结晶：学习《习近平谈治国理政》第三卷——"习近平新时代中国特色社会主义思想论坛"综述［J］. 马克思主义研究，2020（12）.

［10］曹新. 中国特色社会主义经济建设的理论与实践［J］. 行政管理改革，2018（9）.

［11］曾刚，耿成轩，翁旻. 京津冀战略性新兴产业集聚对区域经济增长的空间溢出效应研究［J］. 技术经济，2021（2）.

［12］曾瑞明. 论习近平新时代中国特色社会主义思想的社会革命向度［J］. 思想理论教育，2021（2）.

［13］查少刚. 习近平新时代中国特色社会主义思想有机融入"原理"课教学的总体构想［J］. 思想理论教育导刊，2021（1）.

［14］常娟，王文生. 以新发展理念引领区块链在电力行业的应用［J］. 当代电力文化，2021（1）.

［15］常满荣，何洪澜. 推进习近平新时代中国特色社会主义思想"三进"路径探析——基于高校思政课教学实践［J］. 河北青年管理干部学院学报，2021（1）.

［16］陈晨，赵元浩，郝春旭. 2020年可持续发展目标生态环境领域指标分析与建议［J］. 环境保护，2021（2）.

［17］陈登源. 以新发展理念推进福州文化产业高质量发展［J］. 福州党校学报，2020（6）.

［18］陈刚明. 贯彻落实新发展理念 共创债市新发展格局［J］. 债券，2021（1）.

［19］陈红娟，冯文钊，焦新颖. 京津冀"五化"协同发展状态及效率的时空演化［J］. 商业经济研究，2021（3）.

［20］陈红丽. 京津冀一体化背景下高职学前教育专业就业趋势分析与对策研究［J］. 就业与保障，2020（24）.

［21］陈苟苟，罗韵轩. 基于可持续发展的异质性债务治理与制度完善［J］. 现代企业，2021（2）.

［22］陈明. 新发展理念驱动苏州"四好农村路"创新发展［J］. 中国公路，2020（19）.

［23］陈让. 教学档案管理规范化对职业院校可持续发展的影响研究［J］. 决策探索（下），2021（2）.

［24］陈斯. 习近平新时代中国特色社会主义思想的政治认同研究［J］. 南方论刊，2020（12）.

［25］陈炜伟."十三五"，新发展理念引领发展迈上新台阶［J］. 中国产经，2020（21）.

［26］陈文翰，融鑫. 关于雄安新区建立环境权益交易所的探索与研究［J］. 现代营销（信息版），2020（4）.

［27］陈晓斌，钱永红. 现代大学全员模式书院的可持续发展研究［J］. 锦州医科大学学报（社会科学版），2021（1）.

［28］陈信，柯平，邵博云. 基层公共文化服务可持续发展模式研究——以浙江农村文化礼堂为例［J］. 山东图书馆学刊，2021（1）.

［29］陈焱."新"字何谓：理解习近平新时代中国特色社会主义思想的四重维度［J］. 大连干部学刊，2021（3）.

［30］陈燕. 全域旅游背景下乡村旅游可持续发展路径——以贵阳市花溪区为例［J］. 河北企业，2021（3）.

［31］陈一佐. 基于林业森林资源管理的森林资源可持续发展对策探究［J］. 农业与技术，2021（3）.

［32］陈奕霖，马明勇. 浅谈京津冀一体化与雄安新区的疏散功能［J］. 经济研究导刊，2020（32）.

［33］陈颖. 京津冀协同视角下雄安新区职业技能公共实训平台建设研究［J］. 产业创新研究，2020（22）.

［34］陈玉玲，顾芹，阎东彬. 京津冀科技创新要素市场一体化进程中风险

资本项目审计［J］. 行政事业资产与财务，2021（4）.

［35］陈誉瑶，冉苒. 列宁晚年对社会主义经济建设规律的曲折探索［J］. 长江论坛，2019（6）.

［36］陈中婷，何景春. 习近平新时代中国特色社会主义思想对毛泽东思想继承与发展研究［J］. 中国经贸导刊（中），2021（1）.

［37］成军霞. 落实新发展理念，推动农业高质量发展［J］. 农业开发与装备，2021（1）.

［38］程佳奕，朱小行，娄琳. 设计引领服饰时尚行业的可持续发展策略探究［J］. 设计，2021（6）.

［39］崔翰文. 从"量的积累"向"质的飞跃"转变——长春经开区贯彻落实新发展理念纪实之成效篇［J］. 智慧中国，2020（12）.

［40］崔华洁. 民商法在现代化经济体系建设中的价值体现［J］. 中国集体经济，2020（19）.

［41］崔明浩. 毛泽东关于社会主义经济建设的若干策略思想［J］. 毛泽东思想研究，2018（4）.

［42］崔友平. 新发展理念的主线脉络与实践要求［J］. 人民论坛，2021（7）.

［43］崔禹. 雄安新区国际人才引进的分析与对策研究［J］. 国际公关，2020（2）.

［44］崔治忠. 习近平新时代中国特色社会主义思想的人民本色［J］. 宁夏党校学报，2021（1）.

［45］崔治忠. 习近平新时代中国特色社会主义思想的人民立场［J］. 攀登，2020（6）.

［46］戴澍. 乡村振兴战略背景下我国东部平原地区农业可持续发展研究——以江苏省淮安市为例［J］. 江苏经贸职业技术学院学报，2021（1）.

［47］邓建兵. 铁路贯彻新发展理念的重大原则和落实措施［J］. 铁道经济研究，2020（6）.

［48］邓丽姝. 加强产业协同共促京津冀高精尖经济发展［J］. 中国经贸导

刊，2021（2）.

［49］刁军辉，蒋韬. 乡村旅游与新型城镇化建设的可持续发展途径研究
［J］. 广西城镇建设，2021（2）.

［50］刁欣越，魏文博，李洁，等. 线上心理咨询平台商业生态系统与可持
续发展方式——基于"AI＋RPA"模式的互联网平台研究［J］. 现代
商业，2021（6）.

［51］丁堡骏. 马克思主义政治经济学必须随着中国社会主义经济建设的实
践发展而与时俱进——学习习近平总书记《不断开拓当代中国马克思
主义政治经济学新境》［J］. 当代经济研究，2021（2）.

［52］丁朝霞. 社会主义新农村经济建设发展研究［J］. 现代商业，2018（10）.

［53］丁宇峰. 雄安新区智慧城市建设中的政府公共服务研究［J］. 山西农
经，2020（5）.

［54］董高. 关于以生态林业建设推动林业经济可持续发展的探析［J］. 农
家参谋，2021（4）.

［55］董倩，金延，曹卫东，等. 贯彻新发展理念——"四个办奥"理念与
"冬奥＋"高质量发展［J］. 人民论坛，2020（35）.

［56］董小玉，苏敏. 新发展理念下教育戏剧本土化成果的出版［J］. 中国
编辑，2020（12）.

［57］杜常春. 京津冀协同发展背景下雄安新区创新型人才集聚研究［J］.
邢台学院学报，2020（3）.

［58］杜恒义，吴春雷. 习近平新时代中国特色社会主义经济思想的价值意
蕴［J］. 济宁学院学报，2020（6）.

［59］杜玉潺. 芬兰冰雪经济对京津冀地区冬季旅游产业发展的启示［J］.
时代经贸，2020（30）.

［60］杜云杰. 京津冀一体化下环境污染协同治理研究［J］. 财富时代，
2020（12）.

［61］杜志章. 深刻领会习近平新时代中国特色社会主义思想的核心要义——解

读《习近平谈治国理政》第三卷 [J]. 理论月刊, 2020 (11).

[62] 杜子侨, 林美卿. 以新发展理念指引美丽乡村建设的现实意义 [J].
领导科学论坛, 2021 (1).

[63] 樊倩倩. 新时代社会主义市场经济体制下道德建设研究 [J]. 新西部,
2020 (2).

[64] 方方. 基于可持续发展理论的我国高等学历继续教育研究 [J]. 重庆
科技学院学报 (社会科学版), 2021 (2).

[65] 丰志培, 李爱玉. 新发展理念引领安徽中药产业升级发展 [J]. 锦州
医科大学学报 (社会科学版), 2021 (1).

[66] 冯冬发. 京津冀地区经济增长新旧动能转换研究 [J]. 经济论坛,
2021 (1).

[67] 冯帆. 雄安新区建设对京津冀地区城市经济增长的影响 [J]. 中国市
场, 2021 (6).

[68] 冯帆. 雄安新区经济状况及发展前景分析 [J]. 商讯, 2020 (4).

[69] 冯强. 论贯穿习近平新时代中国特色社会主义思想主线的哲学精神
[J]. 中共济南市委党校学报, 2020 (6).

[70] 冯玉婷. 习近平新时代中国特色社会主义思想的时代意蕴与丰富发展
[J]. 产业与科技论坛, 2020 (23).

[71] 符正平, 麦景琦. 生态省试点与可持续发展能力——基于生态足迹视
角 [J]. 中山大学学报 (社会科学版), 2021 (2).

[72] 高静, 宋凌晨. 完善社会主义市场经济体制与执政党建设 [J]. 江苏
省社会主义学院学报, 2020 (1).

[73] 高俊. 贯彻新发展理念 服务保障水利事业发展 [J]. 内蒙古水利,
2021 (1).

[74] 高明堂. 以新发展理念指引农村牧区供水高质量发展 [J]. 内蒙古水
利, 2021 (1).

[75] 高娜. 5G 赋能雄安新区智慧城市建设 [J]. 产业与科技论坛, 2020 (5).

［76］高培勇．把握新时代社会主义市场经济体制建设新变化［J］．智慧中国，2020（10）．

［77］高培勇．高培勇：找准社会主义市场经济体制建设根本着力点［J］．山东经济战略研究，2020（11）．

［78］高文兵．以新发展理念引领构建成人继续教育高质量发展新格局［J］．中国成人教育，2021（1）．

［79］高燕．以习近平新时代中国特色社会主义经济思想引领贸促事业高质量发展［J］．旗帜，2021（1）．

［80］高子健．河北省雄安新区城市公共空间艺术与人文景观设计探讨［J］．社会与公益，2010（12）．

［81］戈艳霞，王添翼．人口老龄化背景下医保基金可持续发展的风险分析［J］．中国医疗保险，2021（2）．

［82］耿化敏，罗健男．英国学界关于习近平新时代中国特色社会主义思想研究的动态与评析［J］．教学与研究，2021（2）．

［83］耿子恒，汪文祥．人才生态视域下的人才集聚策略研究——河北雄安新区的探索［J］．经济论坛，2020（4）．

［84］公维才，马文雪．以新发展理念引领我国居家社区养老服务质量提升［J］．聊城大学学报（社会科学版），2020（6）．

［85］龚道孝，莫罹．"十三五"水专项"雄安新区城市水系统构建与安全保障技术研究"专栏开栏语［J］．给水排水，2021（1）．

［86］龚毓烨．社会主义市场经济建设要贯彻好开放发展新理念——感悟改革开放 40 周年［J］．兵团党校学报，2018（2）．

［87］关凤利，孟宪生．习近平新时代中国特色社会主义经济思想的逻辑主线探究［J］．湖北社会科学，2021（1）．

［88］关娟娟，张灏，郑宣．京津冀纺织服装产业可持续发展能力评价研究［J］．毛纺科技，2021（2）．

［89］管静，扈德香．2022 年北京冬奥会推动京津冀地区冰雪旅游发展的研

究［J］. 冰雪体育创新研究，2020（24）.

［90］郭代模，李栋. 引领我国经济持续健康发展的根本指导思想——读习近平关于社会主义经济建设论述摘编［J］. 中国财政，2018（16）.

［91］郭晗. 建设新时代高水平的社会主义市场经济开放型经济新体制［J］. 长安大学学报（社会科学版），2020（3）.

［92］郭汉丁，张印贤，王毅林，等. 建筑可持续发展视角下供应链协调与社会责任共担机理研究方案架构［J］. 再生资源与循环经济，2021（2）.

［93］郭凯，李昊楠，张丽娜. 高校艺术教育服务社会主义新农村经济建设研究［J］. 现代营销（经营版），2020（2）.

［94］郭淼，杜震，孟晓光. 京雄城际铁路全线贯通，雄安站同步投入使用［J］. 城市轨道交通研究，2021（1）.

［95］郭升. 谋求可持续发展 在危机中寻找机遇［J］. 现代制造，2021（1）.

［96］韩冬. 城市群视角下中心城市经济辐射性质和强度研究——基于京津冀与长三角的比较分析［J］. 城市发展研究，2020（12）.

［97］韩庚君. 京津冀区域高等教育协同发展的内涵意蕴与解释框架［J］. 科技与创新，2021（3）.

［98］韩庚君. 京津冀区域高等教育一体化思考［J］. 合作经济与科技，2021（6）.

［99］韩海梅，张红岩. 新发展理念指导下青海省经济高质量发展的战略研究［J］. 特区经济，2021（1）.

［100］韩继伟，邱志祺. 论习近平新时代中国特色社会主义思想对《共产党宣言》的继承和发展［J］. 华北理工大学学报（社会科学版），2021（1）.

［101］韩生华，刘怡，严心宁. 图书出版单位直播营销可持续发展路径研究［J］. 中国出版，2021（5）.

［102］韩淑杰. 基于习近平新时代中国特色社会主义思想进课堂的教学思考［J］. 产业与科技论坛，2020（23）.

［103］韩文秀. 贯彻新发展理念 构建新发展格局 以高质量发展为"十四

五"开好局 [J]. 旗帜, 2021 (1).

[104] 韩文秀. 贯彻新发展理念 构建新发展格局 以高质量发展为"十四五"开好局——学习中央经济工作会议精神的几点体会 [J]. 宏观经济管理, 2021 (2).

[105] 韩文秀. 新发展阶段 新发展理念 新发展格局 [J]. 理论学习与探索, 2020 (6).

[106] 韩逸, 赵文武, 郑博福. 推进生态文明建设, 促进区域可持续发展——中国生态文明与可持续发展 2020 年学术论坛述评 [J]. 生态学报, 2021 (3).

[107] 韩英. 京津冀科技创新协同发展研究 [J]. 科技创新与应用, 2021 (8).

[108] 韩英. 社会主义新农村经济建设中信息技术普及及实现途径的思考 [J]. 农场经济管理, 2020 (5).

[109] 郝佳婧, 崔箐琳. 习近平新时代中国特色社会主义思想的价值意蕴 [J]. 山东农业工程学院学报, 2020 (11).

[110] 何兰, 姜卫兵, 宋居宇. 试论中国重要农业文化遗产的可持续发展 [J]. 农学学报, 2021 (2).

[111] 何晓亮, 叶静. 习近平新时代中国特色社会主义经济思想研究的回顾与展望 [J]. 北京交通大学学报 (社会科学版), 2021 (1).

[112] 贺广景. 文旅融合背景下的乡村旅游文化发展路径——评《文旅融合中的乡村旅游可持续发展研究》[J]. 热带作物学报, 2021 (2).

[113] 桁林, 袁钢明, 刘瑞. 京津冀协同发展战略笔谈 [J]. 河北师范大学学报 (哲学社会科学版), 2021 (1).

[114] 洪银兴. 以新发展理念全面开启现代化新征程 [J]. 人民论坛, 2020 (31).

[115] 侯成琪, 吴迪, 肖雅慧. 新时代中国特色社会主义经济建设: 问题与探索——第十九届中国青年经济学者论坛综述 [J]. 经济研究, 2019 (11).

[116] 胡金霞. 新经济背景下农业经济的可持续发展问题解析 [J]. 财经

界，2021（6）.

［117］胡腾，马玉玲. 新发展理念中哲学体系的构建［J］. 党史博采（下），
2020（10）.

［118］胡运海，胡绪明. 新发展理念与中国道路的逻辑关联［J］. 上海理工
大学学报（社会科学版），2020（3）.

［119］胡中才，李金良. 以新发展理念推动基层人民调解提质增效［J］. 人
民调解，2021（2）.

［120］黄朝光. "以人为本、可持续发展"理念在洪塘大桥拓建方案决策中
的体现［J］. 中国市政工程，2021（1）.

［121］黄刚. 习近平新时代中国特色社会主义思想的"术语革命"与理论贡
献［J］. 马克思主义研究，2020（11）.

［122］黄钢平，韦素梅. 招标采购领域贯彻新发展理念的五个着力点［J］.
中国招标，2021（1）.

［123］黄秋生，陈元. 新发展理念的规律遵循［J］. 城市学刊，2020（6）.

［124］黄少安. 关于社会主义经济建设的几个基本认识——客观认识中国在
改革开放前的经济体制和经济增长［J］. 毛泽东邓小平理论研究，
2019（10）.

［125］黄顺春，邓文德. 粤港澳、长三角及京津冀高质量发展比较研究
［J］. 技术与创新管理，2021（1）.

［126］黄自荣. 习近平新时代中国特色社会主义思想的理论品质［J］. 湖南
省社会主义学院学报，2020（6）.

［127］贾若曦，赵满华. 科学把握习近平新时代中国特色社会主义经济思想
［J］. 山西财税，2020（2）.

［128］贾永芳. 认真贯彻新发展理念 推动企业高质量发展［J］. 河北水利，
2020（12）.

［129］简春艳. 习近平新时代中国特色社会主义文艺思想的人民性——兼谈
新时代文艺之"道"［J］. 美与时代（下），2020（12）.

［130］焦佩玉．高职院校学生学习宣传习近平新时代中国特色社会主义思想工作模式研究［J］．湖北开放职业学院学报，2020（21）．

［131］焦彦臣，蔺丽军，李素峰．京津冀高校创新人才培养策略研究［J］．开封文化艺术职业学院学报，2020（12）．

［132］金福子，王丛，金起范．京津冀交通运输发展差距及基础设施建设效应研究［J］．中国集体经济，2020（36）．

［133］金兼斌．生态建设与平台可持续发展［J］．国际品牌观察，2021（5）．

［134］金微微．京津冀地区经济协调创新发展体系的构建研究［J］．中国商论，2020年第（24）．

［135］井术彬．京津冀城际铁路建设投融资模式研究［J］．企业改革与管理，2021（2）．

［136］剧琛颖，王水仙．雄安新区的立法需求及其实现路径研究［J］．法制与社会，2020（23）．

［137］康海军．城市可持续发展背景下节约型园林建设研究［J］．甘肃农业，2021（2）．

［138］孔艳艳．中小企业人力资源可持续发展研究［J］．合作经济与科技，2021（6）．

［139］赖明．落实新发展理念，高质量推进城市更新［J］．城市住宅，2021（1）．

［140］李诚．雄安新区行政区划的演变历程及未来趋势［J］．科技智囊，2020（8）．

［141］李春华．完整准确全面贯彻新发展理念［J］．人民论坛，2021（7）．

［142］李东荣．全面贯彻新发展理念 加快金融业数字化转型［J］．中国金融家，2021（Z1）．

［143］李芳，王丹竹．习近平新时代中国特色社会主义思想进大学生头脑的路径［J］．科学咨询（科技·管理），2021（3）．

［144］李国健．以习近平新时代中国特色社会主义思想引领精神文明建设［J］．湖北省社会主义学院学报，2020（6）．

［145］李浩旗．京津冀一体化中的公证人［J］．中国公证，2021（1）．

［146］李红松．论习近平新时代中国特色社会主义思想蕴含的马克思主义立场观点方法［J］．桂海论丛，2020（6）．

［147］李会斌，邱志永．京津冀协同发展中媒体如何协同起来——保定日报社与丰台融媒体中心协同扶贫报道的实践与思考［J］．中国地市报人，2021（2）．

［148］李佳霖．京津冀交通一体化加快实现［J］．财富生活，2021（2）．

［149］李杰聪．新发展理念与广东沿海经济带建设［J］．探求，2020（5）．

［150］李珏，包晓斌．京津冀地区大气污染协同治理的实践困境及其破解路径［J］．改革，2021（2）．

［151］李娟，孙启．京津冀协同发展背景下河北省养老服务的现状、困境及对策［J］．许昌学院学报，2021（1）．

［152］李娟伟，刚翠翠．新时代中国省域供给侧结构性改革绩效评价与影响因素研究——基于习近平新时代中国特色社会主义经济思想视角［J］．财经理论研究，2021（1）．

［153］李乐乐，张驰．雄安新区建设与区域协调发展：机理、问题与路径［J］．华北电力大学学报（社会科学版），2020（1）．

［154］李磊．京津冀冰雪运动产业协同发展路径研究［J］．文体用品与科技，2021（3）．

［155］李莉．在地方志事业发展中贯彻新发展理念的若干思考［J］．福建史志，2020（5）．

［156］李珉，赵福伟，李昕欣．京津冀教育协同发展下高校师资培训一体化研究［J］．开封文化艺术职业学院学报，2021（2）．

［157］李敏贤．依托雄安新区建设，探索河北智慧城市运行体制与机制研究［J］．科技风，2020（10）．

［158］李娜，李聪．合作网络体系下雄安新区康养体系的协同构建［J］．今日财富，2020（16）．

［159］李清，温可仪，刘海云．利用自贸试验区联动促进京津冀协同发展［J］．商业经济，2021（1）．

［160］李庆堂．贯彻新发展理念 推动高质量发展［J］．中国工会财会，2021（3）．

［161］李庆雯．京津冀城市群综合承载力评价研究［J］．河北企业，2021（2）．

［162］李琼，薛雨西．新时代社会主义市场经济体制建设的理论与实践［J］．长安大学学报（社会科学版），2021（2）．

［163］李守云．基于社会主义市场经济体制的乡镇财政税收建设的提升思路［J］．财会学习，2020（28）．

［164］李锶盟，孟鑫．基于供给与需求不匹配角度研究雄安新区人才引进策略［J］．统计与管理，2020（11）．

［165］李彤彤．雄安新区生态城市规划建设研究［J］．中国地名，2020（9）．

［166］李文琦．志愿养老服务可持续发展内涵与实现路径［J］．社科纵横，2021（1）．

［167］李小坚，邓光辉．以新发展理念引领高质量发展［J］．湖南行政学院学报，2021（2）．

［168］李秀．我国地方财政可持续发展的评价与测度［J］．陇东学院学报，2021（2）．

［169］李杨，石冰，郑谦．浅谈可持续发展的临床科研数据平台建设［J］．中国继续医学教育，2021（8）．

［170］李迎晨．绿色发展背景下京津冀土地协同规划问题研究［J］．现代营销（下旬刊），2021（2）．

［171］李颖．城市生态环境保护与可持续发展的关系研究［J］．资源节约与环保，2021（2）．

［172］李勇．雄安发布中国首个城市级区块链底层操作系统［J］．河北画

报，2020（12）．

［173］李玉峰，张学龙．以人民为中心：建设中国特色社会主义现代化经济体系的根本价值取向［J］．井冈山大学学报（社会科学版），2020（4）．

［174］李玉权．深入贯彻新发展理念 构建绿色发展新格局［J］．南方国土资源，2021（1）．

［175］李元杰，张卓颖，石敏俊．水资源约束下雄安新区建设对京津冀地区的经济影响——基于城市间投入产出优化模型的分析［J］．城市与环境研究，2020（3）．

［176］李远河．桉树种植现状与可持续发展对策［J］．现代农业科技，2021（4）．

［177］李铮，李点．坚定自觉贯彻新发展理念 奋力谱写新时代中原更加出彩的绚丽篇章——河南省十三届人大四次会议胜利闭幕［J］．资源导刊，2021（2）．

［178］李志起．强化京津冀产业协同 构建世界级城市群［J］．北京观察，2021（2）．

［179］连兆大．新发展理念视域下三明市经济高质量发展的动力机制与现实路径［J］．科技经济导刊，2021（6）．

［180］梁红秋．打通京津冀养老服务最后一公里［J］．北京观察，2021（1）．

［181］梁宇，郑易平．习近平新时代中国特色社会主义经济思想的世界意义［J］．广西社会科学，2020（11）．

［182］林抚生．以规划协同为引领 推动京津冀协同发展再上新台阶［J］．北京观察，2020（10）．

［183］林兆木．把新发展理念贯穿发展全过程和各领域［J］，中国中小企业，2021（1）．

［184］刘聪，朱文．习近平新时代中国特色社会主义思想话语体系视域下思想政治教育方法的改革与创新［J］．高教学刊，2021（6）．

［185］刘从德，谭春霞．习近平新时代中国特色社会主义思想的世界治理意

义［J］．中国地质大学学报（社会科学版），2021（1）．

［186］刘飞．可持续发展视域下城市意象营造与多元化体系建构［J］．天津城建大学学报，2021（1）．

［187］刘锋．习近平新时代中国特色社会主义思想的新发展及其启示——基于《习近平谈治国理政》（第三卷）的文本研究［J］．观察与思考，2021（2）．

［188］刘刚．推动习近平新时代中国特色社会主义思想深入人心的现实路径［J］．广东省社会主义学院学报，2021（1）．

［189］刘广润．在贯彻新发展理念中展现国企新担当新作为新气象［J］．农场经济管理，2020（12）．

［190］刘冀瑗．试析习近平新时代中国特色社会主义思想的人民性［J］．中共石家庄市委党校学报，2021（2）．

［191］刘经纬，郝佳婧．习近平新时代中国特色社会主义思想的逻辑进路［J］．中北大学学报（社会科学版），2020（6）．

［192］刘军．以新发展理念引领工业高质量发展［J］．新湘评论，2021（1）．

［193］刘楷．雄安新区引领下的河北主动、创新发展研究［J］．治理现代化研究，2020（2）．

［194］刘明忠．坚持新发展理念［J］．班组天地，2020（9）．

［195］刘萍萍，林四春．以"五位一体"完善京津冀协同发展战略［J］．中国经贸导刊（中），2020（7）．

［196］刘少阳．毛泽东对社会主义经济建设道路的思考和探索——基于《读苏联〈政治经济学教科书〉的谈话》为中心的考察［J］．兵团党校学报，2018（6）．

［197］刘伟．践行新发展理念　推动经济高质量发展——学习《习近平谈治国理政》第三卷体会［J］．学习月刊，2020（10）．

［198］刘细文．以新发展理念为指导，提高新型智库的咨政能力［J］．智库理论与实践，2021（1）．

［199］刘馨. 京津冀城市群绿色发展现状分析及提升建议［J］. 中国集体经济，2021（4）.

［200］刘旭光. 新媒体微课推进习近平新时代中国特色社会主义思想"三进"研究——以《思想道德修养与法律基础》课为例［J］. 高教学刊，2021（5）.

［201］刘学梅. 论毛泽东对中国社会主义经济建设的伟大理论贡献［J］. 毛泽东邓小平理论研究，2019（7）.

［202］刘洋，王昊. 习近平新时代中国特色社会主义思想诞生论理［J］. 学理论，2021（2）.

［203］刘一冰. 践行新发展理念提升领导干部社会治理能力现代化［J］. 产业与科技论坛，2020（23）.

［204］刘永健. 新发展理念下现代化经济体系建设研究［J］. 合作经济与科技，2021（5）.

［205］刘勇，陶梦真. 京津冀文脉的历史涵养与"大京派"文学的时代建构［J］. 当代文坛，2021（1）.

［206］刘宇航，王小平. 高端服务业有效集聚的影响因素及雄安新区对策研究［J］. 河北企业，2020（12）.

［207］刘钊汐. 基于新发展理念的中国经济发展质量评价［J］. 时代金融，2020（29）.

［208］刘铮. 李克强在河南考察时强调：贯彻新发展理念 保障和改善民生持续推进工业化城镇化农业现代化［J］. 资源导刊，2020（11）.

［209］刘志超，莫仲宁. 我国糖业可持续发展的立法思考［J］. 中国糖料，2021（2）.

［210］刘志春，李晓文，赖章敏，等. 高校基层党组织学习宣传贯彻习近平新时代中国特色社会主义思想的路径研究［J］. 决策探索（中），2021（1）.

［211］刘志云. 新发展理念下中国金融机构社会责任立法的参与机制探讨

[J]．政法论丛，2020（5）．

[212] 鲁家阳，孙鑫，王彤．新发展理念在中国文化创意产品设计中的应用
[J]．工业设计，2021（1）．

[213] 陆小成．世界级城市群、雾霾治理与京津冀低碳发展研究进展——基
于中国知网文献的计量分析［J］．企业经济，2021（2）．

[214] 陆洲，龙汝．论我国设区的市对雄安新区立法权配置的启示［J］．湖
北经济学院学报（人文社会科学版），2020（10）．

[215] 陆洲，王文韬．雄安新区立法权限配置研究［J］．华北理工大学学报
（社会科学版），2021（1）．

[216] 吕翠丽，刘芯瑜．发展中国特色社会主义必须坚持以人民为中心——
学习习近平新时代中国特色社会主义思想纲要［J］．党史博采（下），
2020（12）．

[217] 吕和荣，孙凤琴．基于新发展理念的成人教育高质量创新发展研究
[J]．黑龙江科学，2020（23）．

[218] 吕佳敏．新发展理念下，城市政府五大指数排名［J］．杭州，2021（3）．

[219] 吕建中．可持续发展：从现在到未来［J］．中国眼镜科技杂志，
2021（3）．

[220] 吕松涛．毛泽东经济建设思想及其当代启示［J］．理论学刊，2018（1）．

[221] 吕香茹．新发展理念 新发展格局［J］．杭州金融研修学院学报，
2021（1）．

[222] 马超．我国京津冀都市圈区域规划浅析［J］．居业，2021（1）．

[223] 马超群．乡村工业的绿色转型及可持续发展研究——以南京市 D 村为
例［J］．四川环境，2021（1）．

[224] 马成东，刘鑫军．京津冀协同发展背景下高等职业教育微观协同范式
研究［J］．职业技术教育，2020（36）．

[225] 马建华．以新发展理念引领和推进治江事业高质量发展［J］．中国水
利，2020（24）．

［226］马建满. 践行新发展理念 助力海岛乡村振兴——大连航标处点亮长
海水域"致富灯"［J］. 中国海事，2021（2）.

［227］马金书. 坚持新发展理念 推动经济高质量发展［J］. 社会主义论坛，
2020（10）.

［228］马娟娟. 陈云经济思想对中国特色社会主义经济建设的启示［J］. 西
部学刊，2019（15）.

［229］马篪珺. 高校艺术教育服务社会主义新农村经济建设分析［J］. 南方
农业，2020（27）.

［230］马娜. 习近平新时代中国特色社会主义思想与高校思政课融入研
究——以新疆农业大学为例［J］. 现代商贸工业，2020（34）.

［231］马燕坤. 京津冀拓展区域发展新空间研究［J］. 区域经济评论，
2020（6）.

［232］马艺菲，唐雨辰. 京津冀地区产业结构优化分析［J］. 中国市场，
2021（4）.

［233］马玉秀. 甘南州草原生态文化旅游可持续发展分析［J］. 畜牧兽医杂
志，2021（2）.

［234］毛杰. 坚持新发展理念 服务新发展格局 推动新时代教师教育实现高
质量发展［J］. 河南教育（教师教育），2021（1）.

［235］孟庆光. 农业生态旅游经济的可持续发展——评《生态农业旅游》
［J］. 中国农业气象，2021（3）.

［236］孟祥林. 京津冀协同发展背景下保定城市团南展"三步走"发展构想
［J］. 保定学院学报，2021（1）.

［237］孟祥林. 京津冀协同发展背景下文安县城市团发展构想［J］. 廊坊师
范学院学报（社会科学版），2020（2）.

［238］苗润莲，时艳琴，张红. 京津冀重大传染病应急信息共享体系建设研
究［J］. 科技智囊，2020（12）.

［239］苗泽华，王学科. 论京津冀雄区域生态共生与协同发展［J］. 河北地

质大学学报，2020 年（5）.

［240］缪昌武，王世谊．习近平新时代中国特色社会主义思想生成的主体因素及其理论特质［J］．党政研究，2021（2）.

［241］穆旭．冬奥背景下京津冀地区冰雪体育人才培养研究［J］．体育风尚，2021（2）.

［242］聂勇，姜艳辉．坚持新发展理念，促进爱国主义教育基地建设全面提升——刘少奇同志纪念馆发展管窥［J］．湘潮，2021（1）.

［243］欧阳辉纯，王木林．从中国之治到构建人类命运共同体——习近平新时代中国特色社会主义思想的政治学意涵［J］．吉首大学学报（社会科学版），2021（1）.

［244］欧阳慧，李智．以践行新发展理念的公园城市示范区为抓手 示范引领成渝地区双城经济圈建设［J］．先锋，2020（10）.

［245］欧阳胜权．高校加强习近平新时代中国特色社会主义思想宣传教育的问题和对策［J］．教育观察，2020（46）.

［246］欧阳优．论习近平新时代中国特色社会主义思想的唯物史观基础［J］．岳阳职业技术学院学报，2020（6）.

［247］欧珠，刘凯．以习近平新时代中国特色社会主义思想为指导 努力建设禀赋鲜明的高质量大学学报——纪念《西藏民族大学学报》创刊40 周年暨出刊200 期［J］．西藏民族大学学报（哲学社会科学版），2020（6）.

［248］潘晓龙．以新发展理念引领武威乡村振兴的路径思考［J］．甘肃农业，2020（12）.

［249］潘妍妍．中国共产党领导社会主义经济现代化建设的理论创新和实践经验［J］．理论学刊，2020（5）.

［250］潘英华．学习贯彻新发展理念 推进水利政务服务高质量发展［J］．内蒙古水利，2021（1）.

［251］庞文静．京津冀一体化发展对河北省的影响［J］．科技经济导刊，

2021（4）.

［252］庞颖. 探究农村经济合作组织与农业可持续发展［J］. 中小企业管理与科技（上旬刊），2021（3）.

［253］逢锦聚. 在世界百年未有之大变局中坚持和发展中国特色社会主义经济发展道路［J］. 经济研究参考，2020（16）.

［254］彭东立. 传统茶文化传承视阈下雄安新区高端人才建设研究［J］. 福建茶叶，2020（9）.

［255］彭松，王庆龄，周雪春. 新发展理念指导下安徽省科技期刊发展研究［J］. 今传媒，2021（1）.

［256］彭晓静. 京津冀城市群创新效率及影响因素研究［J］. 技术经济与管理研究，2021（2）.

［257］钱津. 新中国经济建设 70 年的道路与成就［J］. 区域经济评论，2019（5）.

［258］钱路波. 习近平新时代中国特色社会主义经济思想论析［J］. 河南机电高等专科学校学报，2019（2）.

［259］强晓华，金本能. 新发展理念引领下高职院校教师专业发展的路径［J］. 安庆师范大学学报（社会科学版），2020（5）.

［260］秦刚. 习近平新时代中国特色社会主义思想对当今世界问题的深刻解答［J］. 马克思主义与现实，2020（6）.

［261］秦良泽. 习近平新时代中国特色社会主义思想指导下高校思政工作创新研究［J］. 现代商贸工业，2021（11）.

［262］屈炳祥. 毛泽东关于在中国怎样建设社会主义的思考与探索［J］. 黄河科技学院学报，2020（3）.

［263］权衡. 习近平新时代中国特色社会主义思想学理化研究论纲［J］. 学术月刊，2021（2）.

［264］任保平. 高质量目标下社会主义市场经济体制建设的基本要求、框架与路径［J］. 中国高校社会科学，2020（2）.

［265］任保平. 贯彻新发展理念、构建新发展阶段的新发展格局笔谈［J］. 长安大学学报（社会科学版），2021（1）.

［266］任保平. 建设新时代高水平社会主义市场经济体制笔谈［J］. 长安大学学报（社会科学版），2020（3）.

［267］任成金，潘娜娜. 习近平新时代中国特色社会主义思想的海外研究评析［J］. 国外社会科学，2021（1）.

［268］任晓伟，保积红. 新中国成立以来中国共产党对社会主义政治经济学的重大原创性贡献［J］. 当代世界与社会主义，2020（3）.

［269］任亚妮，吴宇瑄. 从需求角度精准研究雄安新区人才引进策略——基于高层次人才调研［J］. 统计与管理，2020（12）.

［270］荣利颖，孟静怡. 准公共产品区域间共享的政策基础、供需互动与机制构想——以京津冀职业教育资源共享为例［J］. 中国行政管理，2021（1）.

［271］商孝才. 毛泽东对社会主义建设的理论贡献［J］. 党政论坛，2019（6）.

［272］尚豫新. 特色农产品可持续发展的品牌溢价机制研究——以新疆叶城核桃产业为例［J］. 农业经济，2021（2）.

［273］申富倩. 习近平新时代中国特色社会主义经济思想探析［J］. 特区经济，2021（1）.

［274］申伟宁，李东松，董葆茗. 京津冀经济发展与空气质量的耦合协调性研究［J］. 技术经济与管理研究，2021（1）.

［275］沈建波. 以新发展理念引领和推动国家治理现代化［J］. 学校党建与思想教育，2020（19）.

［276］沈军. 发展低碳经济 用新能源引领产业绿色可持续发展［J］. 水泥工程，2021（1）.

［277］沈文玮，杨仁忠. 新时代社会主义市场经济的创新发展与体系建设［J］. 经济研究参考，2018（72）.

［278］石丹丹. 对新时代中国特色社会主义现代化经济体系建设的几点认识

［J］．现代经济信息，2018（16）．

［279］石亚军．新发展理念的核心是高质量发展——在准确识变、科学应变、主动求变中强化育先机、开新局的政府担当［J］．人民论坛·学术前沿，2020（22）．

［280］舒印彪．坚持新发展理念 构建新发展格局 加快建设"三色三强三优"世界一流能源企业［J］．电力设备管理，2020（12）．

［281］宋德杨，陈思如．习近平中国特色社会主义扶贫思想的科学内涵［J］．现代商贸工业，2020（36）．

［282］宋佳宁，王耀华．京津冀区域水污染立法协同治理机制探析［J］．渤海大学学报（哲学社会科学版），2021（1）．

［283］宋秋喜，张甲，齐华．2022年冬奥会背景下河北省体育产业发展策略研究——基于京津冀三地体育产业协同发展机制视角［J］．中国管理信息化，2021（4）．

［284］宋一力，周西娟．雄安新区多措并举推进疫情防控处置工作［J］．河北画报，2020（6）．

［285］苏龙田．以新时代中国特色社会主义思想为指导统筹推进乡村振兴战略［J］．农业开发与装备，2020（12）．

［286］孙虎军．服务京津冀协同发展大局 奋力推动天津高质量发展［J］．求知，2020（8）．

［287］孙建华，于婉华．"三大改造"奠定了中国社会主义现代化建设的制度和经济基础［J］．毛泽东邓小平理论研究，2019（8）．

［288］孙攀远，王建．高校思想政治教育践行习近平新时代中国特色社会主义思想探析［J］．现代商贸工业，2020（33）．

［289］孙平．新时代中国特色社会主义经济建设的根本遵循［J］．奋斗，2020（17）．

［290］孙士海．以新发展理念引领教育报刊融媒实践［J］．中国报业，2021（5）．

［291］孙世卫. 京津冀协同发展下河北省流动人口变动的对策研究［J］. 现代农村科技，2021（1）.

［292］孙闻鹏，何勇海. 雄安新区美丽乡村交通体系发展探究［J］. 中国公路，2021（1）.

［293］孙业礼. 新时代新阶段的发展必须贯彻新发展理念［J］. 马克思主义与现实，2021（1）.

［294］孙铮，孙久文. "十四五"期间京津冀协同发展的重点任务初探［J］. 河北经贸大学学报，2020（6）.

［295］谈传生. 习近平新时代中国特色社会主义思想的大历史观［J］. 高校马克思主义理论研究，2020（4）.

［296］谭妤晗，李峰. 对大学生学习习近平新时代中国特色社会主义思想的思考［J］. 学校党建与思想教育，2020（24）.

［297］唐建纲. 嵌入五大新发展理念的政府内部控制构建研究［J］. 会计之友，2020（24）.

［298］唐任伍，孟娜，李楚翘. 习近平新时代中国特色社会主义思想中的贫困治理观：理论渊源、逻辑意蕴和当代价值［J］. 经济与管理研究，2020（12）.

［299］陶富，刘静. 区域科技资源配置效率及影响因素研究——以京津冀城市群为例［J］. 技术经济与管理研究，2021（2）.

［300］陶文飞. 习近平新时代中国特色社会主义思想是马克思主义实践观的当代升华［J］. 沈阳干部学刊，2020（6）.

［301］田巨明. "五个聚焦"贯彻新发展理念［J］. 企业文明，2021（1）.

［302］田学斌，柳天恩. 京津冀协同创新的重要进展、现实困境与突破路径［J］. 区域经济评论，2020（4）.

［303］汪茂铸. 宗教中国化的首要之举 习近平新时代中国特色社会主义思想进宗教活动场所［J］. 中国宗教，2021（2）.

［304］王婵，柴王军.《2030 可持续发展议程》框架下体育推动社会可持续

发展研究［J］. 武术研究, 2021 (2).

［305］王点. 以新发展理念完善政府采购制度机制及政策功能［J］. 中国招标, 2021 (1).

［306］王飞, 王佳, 王玉茜. 生物经济对经济可持续发展的支撑作用探究［J］. 中国市场, 2021 (5).

［307］王国兵, 雷龙乾. 习近平新时代中国特色社会主义思想的实践生成——从《共产党宣言》的实践生成论起论［J］. 学术探索, 2020 (12).

［308］王海针. 提高农业机械化水平 助力农业可持续发展［J］. 山东农机化, 2021 (1).

［309］王浩东. 构建雄安新区长期稳定资金筹措机制研究［J］. 质量与市场, 2020 (21).

［310］王合清. 以新发展理念引领重庆高质量发展［J］. 当代党员, 2021 (4).

［311］王华杰. 融媒体条件下习近平新时代中国特色社会主义思想传播的四维传播探析［J］. 财富时代, 2021 (2).

［312］王金祥. 贯彻新发展理念 以高质量发展的新成绩迎接建党 100 周年［J］. 中国设备工程, 2021 (1).

［313］王晶. 习近平新时代中国特色社会主义思想的精准思维研究［J］. 理论导刊, 2021 (1).

［314］王璟, 刘清芝, 孟令勃, 等. 联合国可持续发展目标 12.7.1 指标方法学解析［J］. 中国环境管理, 2021 (1).

［315］王可鑫. 如何促进我国对外贸易可持续发展［J］. 商业文化, 2021 (4).

［316］王铭琦, 赵甜甜. 雄安新区创新发展研究［J］. 河北企业, 2020 (6).

［317］王锐. 党对经济建设全面领导：重大意义、实践主体和基本经验［J］. 社科纵横, 2020 (1).

［318］王少杰, 涂玉龙, 王亚舟. 五大发展理念视角下的新实体经济体系探索［J］. 青海社会科学, 2020 (5).

［319］王世友. 以新发展理念引领西部大开发［J］. 人民论坛, 2021 (4).

［320］王寿林. 我国社会主要矛盾的特征及对贯彻新发展理念的要求［J］. 观察与思考，2021（1）.

［321］王寿林. 中国特色社会主义经济发展道路论纲［J］. 观察与思考，2020（12）.

［322］王书平，宋旋. 京津冀生态环境协同治理机制设计［J］. 经营与管理，2021（3）.

［323］王思元. WTO下中国对外贸易可持续发展问题及相应对策研究［J］. 财经界，2021（6）.

［324］王素梅，祝慧，张文江，等. 2022年冬奥会对京津冀普通高校冰雪体育项目发展的影响研究［J］. 当代体育科技，2020（36）.

［325］王雯姝. 贯彻落实习近平总书记重要讲话精神 努力开设高质量的"习近平新时代中国特色社会主义思想概论"课程［J］. 北京教育（德育），2021（1）.

［326］王习贤. 以新发展理念构建创新生态系统 引领湖南高质量发展——学习习近平总书记在湖南考察时重要讲话精神［J］. 湖南行政学院学报，2021（2）.

［327］王小平，刘天奥. 雄安新区承接高端服务业产业转移模式［J］. 现代企业，2020（8）.

［328］王晓璐. 关于社会主义市场经济文化建设的理论思考［J］. 商展经济，2020（11）.

［329］王晓鹏，顾昭明. 新中国成立70年经济建设取得的重大成就与基本经验［J］. 中北大学学报（社会科学版），2020（3）.

［330］王新军. 加快济南深度对接京津冀协同发展对策研究［J］. 北方经济，2020（12）.

［331］王星媛. 儒家文化视域下的社会主义市场经济建设［J］. 中国集体经济，2018（35）.

［332］王秀江. 深入学习新发展理念 推进养老服务业发展［J］. 中国社会

工作, 2020 (35).

[333] 王燕. 新发展理念视角下习近平生态文明思想探析 [J]. 党史博采（下）, 2020 (12).

[334] 王叶. 山西省乡村旅游地分布特征及可持续发展研究——以 3A 级乡村旅游示范村为例 [J]. 山西能源学院学报, 2021 (1).

[335] 王影. 关于消费扶贫可持续发展的思考 [J]. 团结, 2021 (1).

[336] 王永祥. 习近平新时代中国特色社会主义思想进课堂策略探究——以《马克思主义基本原理概论》课教学为例 [J]. 教育理论与实践, 2021 (3).

[337] 王勇. 京津冀协同发展背景下秦皇岛市人才引进对策研究 [J]. 河北企业, 2021 (2).

[338] 王玉成, 谷冠鹏, 王军. 雄安新区旅游产业集群谋划与创新对策 [J]. 经济论坛, 2020 (11).

[339] 王玉婷, 黄晨旭. 习近平新时代中国特色社会主义思想融入高校"形势与政策"课的路径探析 [J]. 学校党建与思想教育, 2020 (24).

[340] 王钰鑫, 王耀鸿. 新发展阶段、新发展理念、新发展格局的科学内涵和内在逻辑 [J]. 广西社会科学, 2021 (1).

[341] 王臻. 数字经济发展与京津冀一体化协同 [J]. 北京观察, 2021 (1).

[342] 王中兰, 黎雪源. 萍乡市贯彻新发展理念的思考 [J]. 萍乡学院学报, 2020 (5).

[343] 位雪燕. 习近平新时代中国特色社会主义思想的四维探析 [J]. 河南理工大学学报（社会科学版）, 2021 (3).

[344] 魏建. 习近平新时代中国特色社会主义经济思想：马克思主义政治经济学关于社会主义现代化建设的创新发展 [J]. 改革, 2018 (11).

[345] 魏萍萍, 李韦璇, 张会. 京津冀协同发展背景下河北省高职院校工匠型人才培养模式创新研究 [J]. 就业与保障, 2020 (24).

[346] 魏钊, 肖邦亮, 王琳. 新发展理念：以文化扶贫助力乡村振兴 [J].

甘肃农业，2020（11）.

[347] 温新荣．法治视阈下社会主义市场经济法治化建设的思考［J］．法制与经济，2017（12）.

[348] 文国伟．新中国70年社会主义建设经验研究［J］．特区实践与理论，2019（6）.

[349] 吴建中．贯彻新发展理念 推动高质量发展——新一轮图书馆事业发展的主基调［J］．图书与情报，2020（6）.

[350] 吴建中．贯彻新发展理念 推动高质量发展——新一轮图书馆事业发展的主基调［J］．图书与情报，2020（6）.

[351] 吴军中．江苏盐城：以新发展理念为引领 推动行业高质量发展［J］．建筑，2020（24）.

[352] 吴莎，杨智博．基于新发展理念的高校共青团思想引领力提升途径研究［J］．湖北开放职业学院学报，2021（3）.

[353] 吴树俭．以新发展理念统筹县域经济发展与民生保障［J］．中国党政干部论坛，2020（12）.

[354] 肖贵清．习近平新时代中国特色社会主义思想体系的建构逻辑［J］．求索，2021（1）.

[355] 谢惠，张晓光．京津冀城市群与世界级城市群比较研究［J］．中国商论，2020（24）.

[356] 谢茜．习近平新时代中国特色社会主义思想传统文化底蕴浅析［J］．现代交际，2021（4）.

[357] 谢维新．可持续发展视角下的老年教育管理路径优化探究——基于上海市长宁区街镇老年学校调研的思考［J］．成人教育，2021（2）.

[358] 辛鸣．牢牢把握习近平新时代中国特色社会主义思想的立场观点方法［J］．中国纪检监察，2020（21）.

[359] 辛宪章，许峰，张岩松．新发展理念引领下完善职业教育和培训体系的高职定位与策略［J］．教育与职业，2021（1）.

［360］徐慧清，宋红真. 京津冀协同发展背景下德州城市形象传播研究
［J］. 德州学院学报，2020（6）.

［361］徐小黎，涂梦昭. 坚定贯彻新发展理念 促进人与自然和谐共生——
"十四五"自然资源规划专家谈［J］. 资源导刊，2020（12）.

［362］徐晓霞. 社会主义市场经济的价值基础研究［J］. 产业创新研究，
2020（13）.

［363］徐则荣. 学习习近平新时代中国特色社会主义思想 总结新中国70年
经济建设——"中华外国经济学说研究会第27届年会"综述［J］.
马克思主义研究，2020（1）.

［364］徐振强. 高质量建设"智慧雄安"［J］. 中国建设信息化，2020（19）.

［365］徐志涛. 以"五个课堂"学好习近平新时代中国特色社会主义思想
［J］. 青海党的生活，2021（3）.

［366］许安平. 从西北内陆到东南沿海——习近平新时代中国特色社会主
义思想的实践初探［J］. 决策探索（上），2021（2）.

［367］许军. 以新发展理念引领现代化都市圈建设［J］. 长春市委党校学
报，2020（6）.

［368］许俊伟，漆小七. 经济宪法：落实习近平新时代中国特色社会主义经济
思想的根本保障［J］. 黑龙江省政法管理干部学院学报，2020（6）.

［369］许亚岚. 建设更高水平的社会主义市场经济体制［J］. 经济，2020（6）.

［370］宣宇，王月红. 加快推动雄安新区生态价值实现［J］. 前线，2020（12）.

［371］薛丁辉. 再论新发展理念［J］. 学习月刊，2020（12）.

［372］闫楠. 雄安新区城市品牌建设路径与经营战略探析［J］. 商讯，
2021（4）.

［373］闫涛，颜晓峰. 新时代新发展理念的精准认知与践行研究［J］. 天津
大学学报（社会科学版），2020（6）.

［374］闫兴. 习近平新时代中国特色社会主义思想时代价值——学习贯彻党
的十九届五中全会精神［J］. 莆田学院学报，2020（6）.

［375］严晓辉，高丹，李艳杰. 京津冀地区推进能源革命的思考与对策［J］. 中国工程科学，2021（1）.

［376］燕连福. 习近平新时代中国特色社会主义思想的生成与发展［J］. 马克思主义研究，2020（12）.

［377］杨阿维. 新发展理念视域下城乡融合发展水平测度［J］. 商业经济研究，2021（2）.

［378］杨博. 联合国2030可持续发展目标与"一带一路"倡议比较研究［J］. 未来与发展，2021（2）.

［379］杨道玲，任可，袁高洁. 协同视角下京津冀产业转移特征及成效研究［J］. 中国物价，2021（2）.

［380］杨光. 雄安新区历史文化遗产整体性保护与人文景观设计［J］. 中国地名，2020（5）.

［381］杨鸿春. 深刻把握新发展理念的哲学意蕴［J］. 社会主义论坛，2021（1）.

［382］杨淑栋，李波，魏汝春，等. 新发展理念引领乡村振兴［J］. 山东农机化，2020（6）.

［383］杨微，干胜道，郭芙蓉. 资产质量、管理层薪酬激励与企业可持续发展［J］. 财会月刊，2021（3）.

［384］杨伟. 高职大学生对习近平新时代中国特色社会主义思想认同状况调查分析——以山西8所高职院校为例［J］. 中共太原市委党校学报，2020（6）.

［385］杨文俊. 习近平新时代中国特色社会主义思想的时代意蕴［J］. 绥化学院学报，2020年（11）.

［386］杨香军. 新发展理念下贫困地区推进绿色发展研究——以湖南省桂东县为例［J］. 学理论，2020（10）.

［387］杨志，牛桂敏，郭珉媛. 京津冀多元化水环境生态补偿困境及对策［J］. 中国市场，2021（4）.

［388］杨志文. 习近平新时代中国特色社会主义思想在浙江萌发的义乌元素［J］. 浙江经济，2020（12）.

［389］姚春林. 信息时代高校教师职业信念现状与重塑——以京津冀地区的高校教师群体为例［J］. 成都师范学院学报，2021（1）.

［390］叶菲菲. 对新时代中国特色社会主义现代化经济体系建设的几点认识［J］. 改革与开放，2018（15）.

［391］叶静. 习近平新时代中国特色社会主义经济思想的三个维度［J］. 内蒙古农业大学学报（社会科学版），2021（2）.

［392］叶振宇，张万春，张天华，等. "十四五"京津冀协同发展的形势与思路［J］. 发展研究，2020（11）.

［393］衣浩. 贯彻新发展理念 推动高质量发展［J］. 中国石油石化，2020（24）.

［394］于淼，朱碧玲，金秀凤. 新发展理念下应用型本科院校管理育人探究［J］. 经济研究导刊，2020（33）.

［395］于明言. 京津冀制造业集群优势变迁与升级研究［J］. 理论与现代化，2021（1）.

［396］于强. 京津冀协同发展背景下北京制造业的产业转移——基于区位熵视角［J］. 中国流通经济，2021（1）.

［397］于小溪，王小平. 承接服务业产业转移的影响因素及对雄安新区建设的建议［J］. 河北企业，2020（12）.

［398］余红艺. 把握新发展阶段 贯彻新发展理念 争当加快构建新发展格局的模范生［J］. 宁波通讯，2020（21）.

［399］余荣华，徐进. 加强林业生态保护实现林业可持续发展［J］. 现代农业研究，2021（3）.

［400］俞靖. 习近平新时代中国特色社会主义经济思想融入《原理》课教学研究［J］. 湖北开放职业学院学报，2021（2）.

［401］俞雪莲，黄茂兴. 创新政策组合如何助力企业自主创新与可持续发展

[J]. 财会月刊，2021（6）.

[402] 袁诚. 论城镇污泥资源化与可持续发展 [J]. 山西农经，2021（4）.

[403] 袁荫贞，张林云. 以新发展理念引领东莞经济高质量发展——基于新冠疫情的影响分析 [J]. 经济师，2020（12）.

[404] 岳荫兰. 论习近平新时代中国特色社会主义政治制度建设思想的哲学逻辑 [J]. 中央民族大学学报（哲学社会科学版），2021（1）.

[405] 臧清露，李超，蔡鑫琦，等. 科技创新与可持续发展——"2020年中国粮食营养与安全科技大会"主题报告观点摘要 [J]. 现代面粉工业，2021（1）.

[406] 翟俊刚. 习近平新时代中国特色社会主义思想的实事求是精神 [J]. 观察与思考，2020（11）.

[407] 张春晓，李艳霞. 新发展理念与我国生态经济基本矛盾化解 [J]. 甘肃社会科学，2020（5）.

[408] 张恩亮. 坚持以"新发展理念"为引领 推动新时代"三农"工作再上新台阶 [J]. 黑龙江粮食，2021（1）.

[409] 张国庆. 超大型城市群消防工作协同发展存在问题与对策——以京津冀为例 [J]. 内江科技，2020（12）.

[410] 张晗，李平. 冬奥会背景下河北冰雪经济可持续发展的策略选择 [J]. 商业经济，2021（3）.

[411] 张行. 习近平新时代中国特色社会主义思想下国有企业改革路径思考 [J]. 福建师范大学学报（哲学社会科学版），2020（6）.

[412] 张红伟. 发挥新发展理念指挥棒作用 推动组织人事工作高质量发展 [J]. 内蒙古水利，2020（12）.

[413] 张红祥，张前进，周吉星. 城市建成区扩张与城市化发展的耦合协调研究——以京津冀地区为例 [J]. 天津城建大学学报，2020（6）.

[414] 张欢. 京津冀高新技术产业集聚与科技人才集聚研究 [J]. 合作经济与科技，2021（1）.

[415] 张慧芳，王新雷. 雄安新区应用型技术技能型人才培养模式探析 [J]. 就业与保障，2020（4）.

[416] 张建. 经济文化落后国家建设社会主义的认识与实践——基于新中国成立 70 周年视角 [J]. 理论导刊，2019（5）.

[417] 张建军. 构建新发展格局必须坚定不移贯彻新发展理念 [J]. 新湘评论，2021（1）.

[418] 张谨. 习近平新时代中国特色社会主义思想在大众文化中的话语转化与现实意义 [J]. 长白学刊，2021（2）.

[419] 张静，蔡岩，武静. 习近平新时代中国特色社会主义思想融入高职思政课路径探究 [J]. 林区教学，2020（11）.

[420] 张俊山. 对新时代中国特色社会主义现代化经济体系建设的几点认识 [J]. 经济纵横，2018（2）.

[421] 张俊伟. 牢牢把握"新发展阶段、新发展理念、新发展格局"的内涵 [J]. 中国发展观察，2020（24）.

[422] 张可云，裴相烨. 中国特色社会主义先行示范区与雄安新区的关系和协同发展 [J]. 开发研究，2020（5）.

[423] 张可云，孙鹏. 雄安新区城市发展、空间作用演化与冀中南地区协同 [J]. 河北学刊，2020（6）.

[424] 张雷，沈元赓. 坚持以习近平新时代中国特色社会主义思想为统揽不吃老本再立新功更好履行兵团维稳戍边职责使命 [J]. 兵团工运，2021（1）.

[425] 张雷声. 习近平新时代经济建设论论纲 [J]. 马克思主义与现实，2019（5）.

[426] 张蕾. 京津冀养老服务协同发展思考 [J]. 合作经济与科技，2021（5）.

[427] 张力兵. 以新发展理念引领高质量发展 建设"绿水青山门头沟" [J]. 北京人大，2021（1）.

[428] 张力丹. 习近平新时代中国特色社会主义思想具有鲜明的时代性

[J]. 秘书工作, 2021 (1).

[429] 张立群. 正确把握新发展理念 迈好开局之年第一步 [J]. 经济, 2021 (3).

[430] 张鲁. 农业会展新发展理念与新模式研究 [J]. 商展经济, 2021 (3).

[431] 张苗, 陈萧军. 谋定社保政策 描绘雄安画卷 [J]. 中国社会保障, 2020 (11).

[432] 张明, 王梦可. 习近平新时代中国特色社会主义思想研究动态及展望——以国内学界 2019 年相关研究成果为主要分析对象 [J]. 中国浦东干部学院学报, 2020 (6).

[433] 张帅. 文化创意产业组织可持续发展的动力研究 [J]. 企业改革与管理, 2021 (4).

[434] 张天骄. 主动作为精准发力 服务雄安新区建设 [J]. 中国无线电, 2020 (12).

[435] 张伟. 贯彻新发展理念 全面推进高质量发展 [J]. 山东教育 (高教), 2021 (1).

[436] 张旭. 试论新发展理念对推动城乡义务教育一体化的启示 [J]. 农村经济与科技, 2020 (22).

[437] 张旭东, 赵超, 涂洪长, 等. 三明答卷——习近平新时代中国特色社会主义思想福建三明践行记 [J]. 决策探索 (上), 2021 (2).

[438] 张雁. 贯彻新发展理念 推动广西经济高质量发展 [J]. 南方国土资源, 2021 (1).

[439] 张艺凡. 雄安新区文化形象塑造与传播探析 [J]. 记者摇篮, 2020 (4).

[440] 张轶群, 黄河清. 京津冀协同战略下新型城镇化发展研究——以天津为例 [J]. 商业经济研究, 2021 (3).

[441] 张营广. 习近平新时代中国特色社会主义经济思想的原创性贡献 [J]. 北方论丛, 2021 (1).

[442] 张宇. 资本逻辑研究的再审视——基于社会主义市场经济建设要求的

分析［J］. 理论探讨, 2019 (1).

[443] 张玉卓. 打造践行习近平新时代中国特色社会主义思想重要阵地 加快建设世界领先洁净能源化工公司［J］. 中国石化, 2021 (2).

[444] 张占斌. 认识新发展阶段 贯彻新发展理念 构建新发展格局［J］. 中国政协, 2020 (22).

[445] 张占斌. 以新发展理念引领全面建设社会主义现代化国家新发展阶段［J］. 国家治理, 2020 (41).

[446] 赵狄娜. 河北省：高质量推进雄安新区建设［J］. 小康, 2021 (7).

[447] 赵海春. 以新发展理念引领推动自治区运行管理监督工作［J］. 内蒙古水利, 2020 (12).

[448] 赵鹏军. 破解京津冀交通一体化难题的七个抓手［J］. 前线, 2021 (1).

[449] 赵时蕙. 当代大学生习近平新时代中国特色社会主义思想认同教育路径的规划［J］. 产业与科技论坛, 2021 (4).

[450] 赵淑芹. 河北省可持续发展态势及改善策略研究［J］. 生态经济, 2021 (3).

[451] 赵铁军, 刘儒. 新中国成立 70 年党的经济建设指导思想研究［J］. 财经问题研究, 2020 (7).

[452] 赵霞, 姜利娜. 建设京津冀美好新农村［J］. 前线, 2021 (2).

[453] 赵延文. 京津冀产业协同发展回顾及展望 (2014—2020)［J］. 中国经贸导刊 (中), 2021 (1).

[454] 赵忆文, 张怡暄, 杨心笛. 京津冀生态功能区生态补偿式扶贫机制探索［J］. 产业与科技论坛, 2021 (2).

[455] 赵永超. 资源型城市可持续发展能力：概念界定、提升路径与实施对策研究［J］. 管理现代化, 2021 (2).

[456] 赵玉帛, 赵宏伟. 人口流动视角下京津冀城市群经济联系研究［J］. 燕山大学学报 (哲学社会科学版), 2021 (1).

[457] 赵媛, 赵璐然. 共享经济背景下京津冀人力资本现状分析研究［J］.

中小企业管理与科技（上旬刊），2021（2）.

［458］郑达威，陈雅博. 融媒体时代中俄媒介合作可持续发展路径探析 ［J］. 新闻研究导刊，2021（4）.

［459］郑志瑛. 全国视域下京津冀金融资源流动问题 ［J］. 河北金融，2021（1）.

［460］周汉民. 新发展阶段 新发展理念 新发展格局 ［J］. 中国物流与采购，2020（23）.

［461］周良发，唐冰冰，陈元晴. 人工智能助力习近平新时代中国特色社会主义思想传播 ［J］. 中国石油大学学报（社会科学版），2020（6）.

［462］周良发，唐冰冰，刘雨洁. 习近平新时代中国特色社会主义思想基层传播探究 ［J］. 西藏发展论坛，2021（1）.

［463］周淑芬，邸卫娜，王康. 区域生态环境联防联控机制研究——以雄安新区与京津冀区域为例 ［J］. 石家庄学院学报，2020（6）.

［464］周文，方茜. 习近平新时代中国特色社会主义经济思想的深刻内涵 ［J］. 中国高校社会科学，2018（4）.

［465］周西娟. 雄安新区公共资源交易中心新场地揭牌 ［J］. 河北画报，2020（12）.

［466］周向军，童成帅. 习近平新时代中国特色社会主义思想精髓的他说与我见 ［J］. 山东行政学院学报，2020（6）.

［467］周晓光. 论新发展理念的马克思主义"人本观"意蕴 ［J］. 牡丹江师范学院学报（社会科学版），2020（6）.

［468］周艳海. 浅析绿色金融助推京津冀协同发展的策略与路径 ［J］. 今日财富，2021（3）.

［469］周艳丽，苗鹏洲，陈敬敬. 雄安新区高层次人才引进问题与对策分析 ［J］. 全国流通经济，2020（34）.

［470］周育国，黄宝成. 习近平新时代中国特色社会主义思想的价值诉求 ［J］. 社会主义核心价值观研究，2020（6）.

［471］周媛媛. 海草床资源保护与可持续发展研究［J］. 国土与自然资源研究，2021（2）.

［472］周跃辉. 如何完整、准确、全面贯彻新发展理念——学习贯彻党的十九届五中全会精神系列党课之十八［J］. 党课参考，2021（5）.

［473］朱杰. 文化生态保护区旅游可持续发展能力测评——以江苏省为例［J］. 无锡商业职业技术学院学报，2021（1）.

［474］朱仁显，罗家旺. 价值、实践与结构：新发展理念的总体性方法探析［J］. 理论探讨，2020（6）.

［475］朱小曼. 以新发展理念推进高校思想政治理论课改革创新［J］. 思想理论教育导刊，2020（11）.

［476］朱雪微. 从术语的变化看习近平新时代中国特色社会主义思想对马克思主义的继承、发展与创新［J］. 大连理工大学学报（社会科学版），2021（1）.

［477］朱艳丽. 践行新发展理念 做好国企思想政治工作［J］. 办公室业务，2021（3）.

［478］朱云飞，安静，马源禾. 京津冀协同发展中推进河北区域公共服务均等化研究［J］. 预算管理与会计，2021（2）.

［479］祝本琳. 习近平新时代中国特色社会主义思想"六析六讲"解读学习法探究［J］. 北京印刷学院学报，2020（2）.

［480］祝林林. 习近平新时代中国特色社会主义思想的整体性探究［J］. 理论建设，2020（6）.

［481］庄旭东. 贯彻新发展理念 服务新发展格局 推动"十四五"广东气象事业开好局起好步——2021年全省气象局长会议工作报告［J］. 广东气象，2021（1）.

［482］邹升平. 中国特色社会主义基本经济制度的建设进程与重要经验［J］. 中共南京市委党校学报，2020（5）.

［483］邹芸. 以四川为例的文化生态视角下传统手工艺类非物质文化遗产可

持续发展研究［J］. 今古文创, 2021 (9).

三、网站

(一) 国际网站

[1] 联合国总部, 网址: https://www.un.org/.

[2] 世界贸易组织, 网址: https://www.wto.org/.

[3] 国际货币基金组织, 网址: https://www.imf.org/en/home.

[4] 世界银行, 网址: https://www.worldbank.org/en/home.

[5] 世界卫生组织, 网址: https://www.who.int/.

[6] 世界经济论坛, 网址: https://www.weforum.org/.

[7] 国际经合组织, 网址: http://www.oecd.org/.

[8] 国际商会, 网址: https://iccwbo.org/.

[9] 国际开发协会, 网址: http://ida.worldbank.org/.

[10] 联合国开发计划署, 网址: https://www.undp.org/content/undp/en/home/.

[11] 二十国集团, 网址: https://www.g20.org/.

[12] 亚洲太平洋经济合作组织, 网址: https://www.apec.org/.

(二) 国内网站

[1] 人民网, 网址: http://www.people.com.cn/.

[2] 新华网, 网址: http://www.xinhuanet.com/.

[3] 光明网, 网址: http://www.gmw.cn/.

[4] 中华人民共和国中央人民政府网, 网址: https://www.gov.cn/index.htm.

[5] 中华人民共和国商务部, 网址: http://www.mofcom.gov.cn/.

[6] 中华人民共和国国家发展和改革委员会, 网址: https://www.ndrc.gov.cn/.

[7] 中华人民共和国财政部, 网址: http://www.mof.gov.cn/index.htm.

［8］ 国家统计局，网址：http：//www. stats. gov. cn/.

［9］ 中华人民共和国外交部，网址：https：//www. fmprc. gov. cn/web/.

［10］ 北京市人民政府，网址：http：//www. beijing. gov. cn/.

［11］ 天津市人民政府，网址：http：//www. tj. gov. cn/.

［12］ 河北省人民政府，网址：http：//www. hebei. gov. cn/.

［13］ 北京市发展和改革委员会，网址：http：//fgw. beijing. gov. cn/.

［14］ 天津市发展和改革委员会，网址：http：//fzgg. tj. gov. cn/.

［15］ 河北省发展和改革委员会，网址：http：//hbdrc. hebei. gov. cn/web/web/index. htm.

［16］ 中国雄安官网，网址：http：//www. xiongan. gov. cn/.

后　记

　　今年适逢中国共产党建党100周年，是中国社会发展进程中的一件大事。近百年来，在毛泽东、周恩来、邓小平等老一辈无产阶级革命家的正确领导下，中国实现了革命的伟大胜利和改革开放的辉煌成就。此后，江泽民和胡锦涛等第三代和第四代中央领导集体，分别提出了"三个代表"和科学发展观的正确思想，带领全体中国人民，不断推动着社会主义现代化建设继续向前发展。现今，以习近平同志为核心的中国共产党人，在新时代中国特色社会主义思想的引领下，励精图治，兢兢业业，开启了社会主义现代化事业的新征程。尤其是，为推进区域"经济带"建设和现代化城市群发展，习近平总书记提出了新发展理念，高度重视京津冀协同创新和一体化发展，并将雄安新区建设作为加快北京、天津与河北三地融合发展的重要平台，为雄安新区的规划建设和可持续发展做了大量工作，付出了很多精力和心血。

　　雄安新区作为千年大计、国家大事，一经中央提出，便引起了笔者的注意。这是因为雄安新区的起点定位高，影响力大，社会功能强。笔者在2018年申报了河北省社会科学基金关于雄安新区建设方面的项目，获得了立项"习近平总书记关于河北雄安新区建设的指示精神研究"

（HB18ZZ004）。带着这个省级项目，笔者查找并收集了一些前期资料，前往雄安新区进行了实地调研，相继写出几篇学术论文并公开发表。由于笔者对雄安新区建设的研究产生了浓厚的兴趣，笔者决定写出新发展理念指导下雄安新区规划建设方面的学术专著。一是由于关于这方面的专著比较少，二是由于以后还想继续围绕这个主题深入研究下去。毕竟，雄安新区建设不是一朝一夕就能够完成的，而是一项长期的工程，因而笔者在这方面的研究也将可持续下去。从现实情况来看，雄安新区建设是一件利国利民的大事，集历史文化、城市建设、环境保护为一体，开启了中国现代城市群建设的新"标杆"。然而，从目前雄安新区建设的状况来看，其虽然处于较为平稳的建设中，但缺乏更多的关注度，一些大型工程和教育研究基地尚待建立，有些项目出现了滞后发展的现象。这不仅需要政界给予大力支持，也需要学术界进行研究，并提出相关的建设对策和政策建议，以促进雄安新区获得健康快速的发展。

最后，将这本书作为中国共产党成立 100 周年献礼，祝愿祖国更加强大、繁荣和美丽！感谢社会各界对笔者写作工作的支持，感谢专家们对本书提出的诚恳的指导意见，也感谢知识产权出版社有限责任公司对本书在出版方面的帮助！书中提出的少数观点可能存在不一致现象，抑或出现的少量错误，若影响您的阅读，敬请谅解！未来，笔者将加倍努力，在"习近平新时代中国特色社会主义思想"和雄安新区建设方面，投入更多的时间和精力开展学术研究，力争收获丰硕的成果。

张根海

2021 年 6 月于书房